suncolor

讀懂一本書

3300萬會員×22億次收聽「樊登讀書」創始人

知識變能力的祕密
完整公開

中文知識付費平台教父
樊登——著

suncolor
三采文化

目錄
CONTENTS

推薦序／讀懂書，讓人生擁有更廣的選擇和格局
大亞創業投資股份有限公司合夥人 郝旭烈 007

推薦序／養成閱讀習慣讓你變得不一樣，活得更好！
SmartM大大學院創辦人 許景泰 012

自 序／我是一個用讀書改變自己生活的人 017

01
會讀書，更要會「講書」

複雜時代，閱讀是大眾「反脆弱」的武器 025
你焦慮嗎？如何從「單向度的人」變為「多向度的人」 029
「講書」是最高效的沉浸式學習方法 033

02 工科男的講書之路

辯論隊培養我正確發聲和掌控能力 053
培養幽默感，吸引眼球 059
第一次實戰：三本書撐起一門課 063
刻意練習＝時間×積累 067
學會講書，為知識鬆綁 072
講書的五種必備能力 076
對待講書，要有「將然」的心 089

03 一年只選五十二本書，標準是什麼？

對於讀書的五大誤解 098
選書原則 104

一、TIPS原則 105
二、科學性是選書的第一標準 107
三、具有建設性的好書值得你讀 118
每本好書都自帶使命 123

04 如何讀懂一本書？

理解力的池子有多大，就能夠讀懂多難的書 135
知識的自我反芻 150

05 把書讀薄：如何解構一本書？

閱讀前需要摒棄的壞習慣 156
帶著目的閱讀 vs. 自由閱讀 158

開宗明義：這本書解決了什麼問題 161
熟悉書的寫作背景 165
最有價值的部分：書中提供了哪些解決方案？ 166
畫龍點睛，一句話總結價值升華 168
圖書畫線有學問：什麼才是精華？ 173

06 內容的再創作，如何組織一個講稿？

講書前要了解的兩個大原則 190
原文和再創作的比例及尺度 195
講書最重要的步驟是「構建坡道」 199
要不要寫講稿或書摘？ 208

07 開口講書，還需要做這些準備

複習心智圖，重新熟悉內容 214
調整心態，講書不為取悅聽眾 215
聰明地和聽眾互動 218
對方認知水準比你高，你該如何講書？ 220
如何提高語言組織能力？ 222
不斷地拓展認知的邊界 223

08 學會繪製心智圖，掌握知識輸出方法

「樊登讀書」心智圖繪製法 229
經典私家心智圖大公開 233

附錄 給未來講書人的一封信 274

推薦序／

讀懂書，讓人生擁有更廣的選擇和格局

大亞創業投資股份有限公司合夥人　郝旭烈

讀書，原本就是一個難得機會，和各個不同領域大師學習交流；不管是有著時間距離的歷史古人，抑或是有著空間距離的現代巨擘，只要手中有了他們著作，我們便能恣意狂飲智者們知識精髓的瓊漿玉液。

隨著科技日新月異，知識的型態和傳遞或許有所不同，但是一本好書所代表的通常是作者有系統、有架構、有驗證以及有邏輯的價值瑰寶，永遠都值得用各種不同方式和形式分享交流。

最近幾年，我就是透過紙本圖書到電子書，然後到影音聽書、看書，進而角色互換，用說書的方式，開始傳遞自己看過的書。透過咀嚼、消化、精煉、再創作，但秉持原作的精神，不過多增加個人批判，完整呈現說「素書」的方式，把好書推薦給讀者。

說實話，在這個過程中，不僅幫助了他人，真正最大的受益者其實是自己。

在這整個學習「說書」過程中，樊登的《讀懂一本書》可以說是幫助我一步一腳印循循善誘最佳的導師。

總地來看，樊登的《讀懂一本書》，不僅幫助我提升說書人的功力與技巧，更重要的是，他提供了「懂」得怎麼讀書的方法，更突顯出了「讀懂書」的重要價值，而這些價值就個人而言主要可以歸納為四點：

一、**教學相長**：自己看書是一回事，當你說書給別人聽的時候，你就必須「懂」這本書說什麼，你才能夠說得讓別人「懂」。這個過程其實就是「教學相長」，而這個從「自己懂」到讓「別人懂」的過程，是極具深化及內化知識的價值歷程。

二、**刻意練習**：書中提到了很多出人意表的看書、說書方法和觀念，著實令人腦洞大開；譬如說不要手畫重點、讀完一陣子再事後回想、手繪心智圖、找人練習試著說書等等。這些實用務實的練習方式，我就傻傻地跟著樊登指點刻意練習，短短的時間內竟讓我如此練習學習過的書，彷彿刻印般地烙在腦中，可以隨取隨用，大大地提升了各種不同場合，包含演講授課等知識交流的能力。

三、高效學習：從看過一本書到讀懂一本書，是有著很大差異的。書中所提供的方式，會實質地提升我們學習的效率與效能。他真正的目的是要我們「懂」，而不是一開始讓你看得多而貪快；一旦你讀「懂」了，就會不斷累積你的知識庫，擴大你的知識池子，那麼我們的理解力和滲透力，也就會有指數型的巨幅成長。

四、多元思維：所有的知識都是相通的，書中特別強調每一本好書都會帶出更多的好書；所以認真讀懂一本書之後，在書中推薦的其他好書，會持續不斷地擴張我們知識網絡的邊界，進而讓我們的思維能夠更加多元而不被侷限，如此在人生各種不同議題的面對上，也就會有更廣的選擇和格局。

除了《讀懂一本書》之外，我也是「樊登讀書」忠實讀者。就像樊登說的，「讀書」說到底其實沒什麼特別的，如果什麼讀書方法都不想了解，就多讀便是了，讀久自然就會有所理解、有所洞察。

但是，「書」本身就是經驗的累積，學習別人寶貴經驗，避免不必要的冤枉路，讓自己早點發掘讀書樂趣，更有效學習並拓展認知維度，又何樂而不為？

期待並相信《讀懂一本書》在您快樂學習與分享知識的道路上，會成為您事半功倍的良師益友。

推薦序／

養成閱讀習慣讓你變得不一樣，活得更好！

SmartM大大學院創辦人　許景泰

樊登，是我認為中國最會說書的一位說書人！現在已有上千萬的華人聽他說書，而我也是其一。樊登善於把一本艱澀、難懂的書，說得有趣、易懂、受用，讓你聽完想再去買這本書來看。

與其說，這本書是樊登教你如何讀懂一本書，不如說，讀完這本書將讓你重新認知，閱讀一本書可以一次習得「聽、說、讀、寫」終身受用的技能。讀書的樂趣不止於此，當你愛上讀書，它會變成一種你生活常態的一部分。你會發現讀書是豐富工作、日常的最好滋潤、洗滌、持續更新的養分。樊登說：「多數人認為，讀書無用！這肯定是最大誤解。讀一本書，你只要幾個小時或幾天的閱讀，就能掌握一個人幾年甚至幾十年所總結的智慧，怎麼會無用呢？」我認為當你讀懂、讀通、讀多了，你的思維模式、談吐行為也會跟著轉變，成為你不可分離、不可缺少的一部分！書，就是你最好的良師益友；讀書，也將成為人生最美的風景之一！

你多久沒有讀一本書了？

我也喜歡讀書，每一年讀五十本書，甚至跟樊登一樣，在三年前，我開始線上說書給別人聽，創辦了「大大讀書」，目前在台灣已有上萬名付費聽書的忠實訂戶。讀書早已成為我不可缺的一部分，這絕不是因為我每天聽書、說書、寫書，也教課而逼自己如此行！

事實上，我也不是一開始就喜歡上讀書，更非如樊登從學生時期就是一位博學多聞、辯論冠軍的高手。跟多數人一樣，我哪怕知道讀書對我有益，但讀書的誘因總是比其他事來得吸引力低，一年讀不到十本書是正常的。

看了樊登這本書，我開始回想，我是何時開始愛上讀書的？學生時期，我總認為讀書最主要的目的是為了應付考試、求學旅程中必要的功課。出社會後，讀書早已是我每日工作忙碌、休閒娛樂之餘，少而為之的「特殊行為」。我看到一項數據統計，更證明了我不是「特例」，因為台灣每年每人平均閱讀的書量不到兩本，每日滑手機的時間則超過五小時。

但台灣卻有最好的閱讀風景：誠品書店、特色主題書店，有華文最多和最好的出版社。然而從小的教育、周遭的人不斷傳遞給我們一個根深蒂固的觀念，就是讀書是為了考試、升學、讀好學校，不讀書未來會找不到好工作，「讀書」成了帶有壓力、有目的性、功利主義的詞彙。出了學校，解脫升學考試壓力包袱之後，讀書自然難以成為日常生活的一種好習慣，甚至失去重拾一本書、好好讀書的樂趣。

終身學習，終身樂趣

後來，我重新認識閱讀、喜愛讀書，是在出社會工作了五年後，我在創業路上遇到瓶頸，多方尋求解答始終求助無門之下，我開始重拾一本書去找解答。一本書當下沒有答案，帶著問題再往下一本書去讀。從商業管理、行銷學、心理學、歷史……有時間就拿起書來看，從書中尋求解惑、找智慧，這時我才發現，讀書真正的樂趣，在於刺激你去思考未想到的盲點，破除自以為是、打破你舊有的認知框架、啟發去探求問題的本質。

我試著把讀到有所得的，用自己的話寫下來，開始跟不同人交流，甚至書中覺得十分受用的道理、方法、分析工具，自己也試著融合工作場景去實踐。讀書這件事，在很長的一段時間內成了我最好的朋友，我重拾閱讀之樂，成為一位終身學習者！隨著我事業發展，結識的人愈多，就愈覺得取之於讀書而來的知識力量，對於個人視野的廣度、深度，最直接、最快速能深刻啟迪自己，成為更好、更有趣，甚至有料的人！

我很感謝樊登出了這本好書，我希望更多人看了這本書之後，開始享受重拾讀書的樂趣，知道如何讀好一本書，如何享受一本書帶給你的價值，讓讀書成為你人生日常中習以為常、不可或缺的一部分。在變幻莫測、快速變遷的時代中，能夠享受閱讀的樂趣，在書中獲得成長，我堅信這將會是你人生中最值得持續的一件事！

自序／

我是一個用讀書改變自己生活的人

書是絕大部分問題的出口

我小時候很不喜歡讀書，曾經認為「讀書很苦」。我父親是一位數學教授，受他影響，我很少能讀到與數理化無關的書。有段時間，我把讀書和考試視為生命中最大的「敵人」。

二〇〇一年，我在西安交通大學完成碩士學業後，進入中央電視臺的《實話實說》節目組。剛開始工作量不大，我總擔心節目的未來，加上那段時間在生活上受房貸壓力困擾，我整天焦慮惶惑，無所適從。

沒辦法改變外在環境，那就只能努力改變自己。我心想，讀書也許會改變我的未來。抱著試一試的心態，我拿起了《論語》。

「君子謀道不謀食。耕也，餒在其中矣。學也，祿在其中矣。君子憂道不憂貧。」《論語·衛靈公》書中的這幾句話讓我豁然開朗，壓力瞬間得到了紓解。讀完《論語》，我的心態平穩了，不再憂慮，而是想著努力去提升自己的能力，不斷完善自己。我從未想過《論語》是天下最厲害的「治癒書」。

實際上，那些讓你苦思冥想的問題——關於愛情、升職加薪、創業，大部分人都經歷過。而且這些問題中的大部分都已經被人解決，寫成了書。可以說，**書是絕大部分問題的出口**。所以，如果你正感到迷茫或焦慮，不妨開始讀書。

大量閱讀，答案自現。

讀書給了我為生活「增量」的勇氣

後來，我以客串嘉賓的身分給企業家講課，運用自己積累的主持技巧，使講臺下原本昏昏欲睡的企業家們興致盎然。於是漸漸開始有大學邀請我為EMBA（高級管理人員工商管理碩士）班講課。很多學生在課堂上聽得津津有味，下課時還意猶未盡，請我推薦書單。我每次都非常認真地列出書單，他們會很仔細地記錄下來。

但奇怪的是，事後在我追問他們是否看過我推薦的書時，很多學生都說「買了」，就沒了下文。這讓我明白，光列書單不行，必須把書的精華提煉出來發給大家，但這樣做的結果依然是有人不願意看。

直到微信群盛行，我嘗試了一次微信群直播講書，沒想到這種方式深受學生喜愛。這次意外的收穫，使我深受觸動——原來大家喜歡這種把書「講」出來的學習方式，這能夠極大地提高學習效率。

於是我乾脆把課堂搬到網路上。讓沒有時間和能力讀出精髓、讀出味道的人，也能走進書香世界，體會到讀書的樂趣，獲得真正的改變。二〇一三年，樊登讀書會也就這樣成立了。[1]

在此之前，我壓根沒有經商的經歷，創辦「樊登讀書」時，我所有的方法幾乎都是照搬硬套，就是書上怎麼寫我就怎麼做，我甚至要求員工有什麼想法和改變都要告訴我這是哪本書上講的。我當時的想法特別簡單：書上講的未必全對，但總比自己想的強。

讀書給了我為生活「增量」的勇氣。別看我敢做「樊登讀書」，當時我可是連PPT（簡報）都不會做的人，我最高的IT（網路技術）能力，就是發電子郵件。

但我還是去做了。

讀書會讓一個人充滿力量和使命感。你想為這個社會解決什麼問題，這才是做一件事時最重要的出發點，而不是說你會什麼。即便你什麼都不會，只要想要解決這個問題，就努力去學，去讀書，你就都能夠學會。

閱讀「不舒服」，練就強悍的自學能力

現在，「每年一起讀五十本書」已成為「樊登讀書」的口號。我經常和朋友說：「別人家的書論本，我們家的論捆。」從浩瀚書海中找出值得分享的書，我一直樂在其中。

二十一世紀，人們對於閱讀、知識的需求越來越高。但問題是很多人沒時間讀書，或者讀書效率很低。「樊登讀書」一方面是把自己讀過的書講給大家聽；另一方面是在解決人們身心安頓的問題，事業、家庭、心理這三個方面是我們共同面臨的考驗，我希望透過讀書會這種模式，幫助更多人養成閱讀習慣，透過有效的知識傳播來提升人們的生活幸福感。

社會已經進入指數級增長時代，一個人在學校學的知識往往無法與社會很妥適地銜接。如果一個人沒有自學能力，不能快速地透過閱讀提升自己的知識水準與能力，他很快就會被社會淘汰。

直至今日，我仍然信奉**「不舒服」的讀書原則，一本書讀得太舒服了，反而容易故步自封**。所以遇到不懂的問題我就買書來看，看不進去也要堅持。我是一個非常相信書的人，透過讀書解惑，我看到了知識的力量，感受到了知識對生活的影響。

讀書改變生活。現在回想起來，我從不愛讀書到痴迷讀書，再成長為一名講書人，這個轉變歷程是我人生中一筆很重要的財富。

在我心中，讀書是一輩子的事。我始終堅信，無論生活中遇到什麼樣的困難與挫折，總有一本書能指引我砥礪前行。

同時，我也希望越來越多的年輕人加入讀書人的隊伍。讀書不一定能使我們成為影響世界的偉人，但可以讓我們成為更好的自己。

注1　樊登讀書會現已正式更名為「樊登讀書」，以下均稱「樊登讀書」。

01

會讀書 更要會「講書」

這幾年在做「樊登讀書」的推廣，陪伴上千萬會員一起讀書的過程中，我們經常會在後臺收到這樣的評論：

「聽完樊登老師講書，你會迸發出很多靈感，產生一些奇思妙想。」

「聽樊登老師講一本書，聽過幾遍之後我發現，每聽一遍，都有不一樣的感悟。」

「『樊登讀書』提供了一個很好的內容解讀平臺，遇到我感興趣的領域，我可以把紙本書買來讀。」

「永遠不要對一個你沒有了解過的事物說『NO』，如果輕易拒絕，不經意間，說不定你已經錯過了一個寶藏。」

「樊登讀書」一直認為，為別人讀書的本質並不在於你花了多長時間，也不在於你有多好的包裝，而在於你有沒有給他人帶來改變。

聽書不是一個新行業，也不是知識付費的新行業，而是教育方式的改革，是學習習慣的改變。教育和商業的最大區別在於，商業的本質是迎合，而教育的本質是改變。

如果講書這件事是正確的學習和教育方法，那麼它值得被推廣到全世界，讓更多沒辦法快速普及教育的地方的人，能夠透過講書的方式獲得知識。我希望透過引導與推薦，讓大量的人學習到自己需要的知識，也希望透過自主讀書、講書，讓越來越多有用的知識進入大家的視野。

所以我為這本書想了一個口號，叫做「為世界而教」。

複雜時代，閱讀是大眾「反脆弱」的武器

一次，我遇到一個在北京長大的敘利亞人，他的普通話說得很

好。他跑來跟我說，我這個方法特別適合介紹到他們國家去。我就問，為什麼呢？他說，他們國家為什麼有戰亂，為什麼有那麼多的恐怖組織或者不安定因素，一個非常重要的原因是閱讀量不足。經過統計，敘利亞人年均閱讀量只有五頁——只翻了五頁也算？敘利亞的國民平均閱讀量就這麼多。

所以他說，大量的敘利亞人是完全不讀書的。從出生到去世，他們接收知識的管道就是別人的講述，比如傳說、故事，世世代代的人就靠身邊人的言傳身教認識世界。

所以敘利亞人沒有建立基礎的科學觀和批判性思維，更不知道世界是多元化的。他們似乎缺乏換位思考的能力，以及從多角度看待世界的眼光。

聽完他的話，我就開始認真思考，閱讀在很多地方是一種「奢侈行為」，是屬於少數人的習慣。讀書本身很重要，如果在不適合讀書的場景下，講書可以變成新型的學習和教育方法，那麼講書值得被更廣泛地推廣到全世界，讓更多沒有辦法快速普及教育的地方的人，利用講書的方式傳播知識。

我講過一本書叫做《反脆弱》，這本書的作者寫了一件特別有意思的事。他說，現在的教育大部分都是無效的，無效的原因是「蘇聯－哈佛錯覺」。

為什麼叫「蘇聯－哈佛錯覺」？就是哈佛大學的教授們以為是自己把學生教育成了菁英。

實際上真不是，這些人本來就是菁英。

他們一起到了哈佛大學，又認識了一些新朋友，然後自己不斷鑽研，「泡」圖書館，慢慢地就成了社會菁英。哈佛大學教的東西叫做「教小鳥飛」。小鳥遲早是會飛的，哈佛大學把小鳥飛的過程解構成第一步、第二步、第三步。好了，你現在按照我這個來，結果小鳥在哈佛大學「學會」飛了。基本上，現在大環境下的教育方式都是教小鳥飛式的。

我看了牛頓的傳記，看了愛因斯坦的傳記，我發現，這些人在大學裡基本上沒學什麼東西。愛因斯坦進大學之前，已經差不多學完物理學了。牛頓在劍橋大學沒待幾天，就遇上倫敦的大瘟疫，然後躲回家裡，可以說沒怎麼上學。他所有的知識儲備都是自己讀書得來的，他到處蒐集各種類型的書，慢慢閱讀，逐漸成了大師。

我在回憶我的教育經歷時發現，大學是煎熬的。有些課是必修，但我實在是不想學，卻又必須通過考試，因為被當很丟人，又是罰款，又是重修的。

現在想想，我在大學裡學的知識基本上被我忘光了。

但是在大學裡真正能夠給你帶來幫助的東西，是你讀的那些書，那些你自己去圖書館借來的書，它們是能夠浸潤到你的身體當中的。

這也是為什麼我堅信教授講書的方法是有意義的，這套方法可以有效地改善每個人的學習結構和方法。講書是二十一世紀快速獲取知識的有效工具，同時它可以讓更多的人變成自我發聲的平臺，影響身邊的人，學到更有用的知識。

你焦慮嗎？如何從「單向度的人」變為「多向度的人」

隨著科技的進步，社會的極速變革，在現有的生活壓力下，現代人變得越來越焦慮。壓力來自哪兒？情感、金錢、房、車、學歷、尊嚴、夢想、存在感……這些都是。但核心的焦慮來自未來的不確定性，個人缺乏對抗脆弱的能力。

你能否在職場中做出一番事業，靠的是反脆弱的能力。

大多數人喜歡消除不確定性，希望能進入一家大公司。其實，在大公司和事業單位、政府部門工作的人，脆弱性最強。如果我們整天想的都是用「短平快」的方式，讓自己變得更加符合別人的期望，那麼你的脆弱性將會變得越來越強。

塔雷伯在《反脆弱》一書裡強調：讀書是大眾反脆弱的方式。因為閱讀有兩個特點：

- 主動性
- 針對性

■第一、讀書是主動的學習方式

原因很簡單，一般人很少隨隨便便就找本書去讀，你所讀的一定是你需要的。比如，你覺得自己對哪些問題不明白，去找本書來看，這就是最有效的學習方法。

反觀愛因斯坦的成長，他是一位典型的科學家，但是他的成長是源於自己的興趣。再去看伽利略、哥白尼、克卜勒這些人，沒有人教他們，沒有人給他們一個系統，讓他們按照這個系統去做。他們的共同點是想盡一切辦法，到處去找一本本好書，彌補自己的知識缺口，填充自己認知框架中欠缺的部分。

■第二、讀書是有針對性的學習方式

讀書所帶來的收穫是個性化的，能恰到好處地解決具體問題。就像莎士比亞的名句所說的，「一千個讀者，就有一千個哈姆雷特」。一本書在每個人的生活中產生的效果是不同的。同樣一本書，有的人看重的是這一部分，有的人看重的是那一部分，它帶來的啟發、安慰或思維升級都可能完全不同。

閱讀可以讓我們從「單向度的人」變成「多向度的人」。「多向度的人」的思維體系裡有三大支柱：

- 第一個是**事實**。在科學語言裡只有事實，只有每個人能看到的事實，每個人透過實驗測試得到了資料才可以進行分析、做決策。
- 第二個是**邏輯**。事實之間的邏輯關係是什麼？什麼樣的分析能夠讓你感受到這是一個因果關係？這些知識應該是從小開始滲透的，但大多數人掌握得並不好。
- 第三個是**批判性思維**。要對所有的事實和結論保持中立的懷疑態度，問清事實和結論的真實性。從事實到批判式思考的迴路，是在思維科學體系中不斷訓練的思維方式。

「多向度的人」同時擁有創造美好生活的理性能力與享受美好生活的感性能力。理性能力並不是學好數理化的知識，而是透過閱讀，將知識組成思維體系，再轉化為能力——用科學的思維方式處理生活中一切問題的能力。

「講書」是最高效的沉浸式學習方法

■沉浸式學習vs.觀光式學習

我們首先得知道什麼叫沉浸式學習。沉浸式學習跟觀光式學習是對應的。拿旅遊舉個例子，就特別容易理解。

假如我們到上海旅遊，觀光式旅遊是什麼呢？就是你跟著一個旅行團：

第一天　東方明珠

第二天　城隍廟

第三天　野生動物園

第四天　回家

這時候你會發現，整個旅程結束了以後，你甚至都不知道上海風貌到底是什麼。與之相對，沉浸式旅行的特點是你在上海找一個朋友家裡住下來，待上兩個月：

每天早上起來去看看大媽們怎麼跳舞
早餐到底吃什麼，換著花樣地把早餐都吃了
上海人怎麼跟別人在路邊吵架
為什麼最近上海的垃圾分類搞得這麼火熱

你沉浸在上海這座城市裡邊，田子坊、新天地……各種地方你都跑過。你了解了上海當地人的生活，相信你對上海的感覺會和觀光客有天壤之別。

在這個焦慮的時代，有大量的老師和家長把孩子的學習變成了觀光式的學習，它的特點是「打卡」。

這一章學會了沒有？考試檢驗。下一章學會了沒有？考試檢驗。看起來，每章都學會了，但是這樣「學會」的結果可能是「學多快，忘多快」。

我上大學的時候學的那些電工學、電路、C語言，你說我學了嗎？全學了，我C語言考九十多分。但你現在讓我寫一個程式，一點都寫不出來，壓根兒就不會。

「樊登讀書」的CTO（首席技術官）田君琦是同濟大學電腦系畢業的，他學C語言的方法跟我們完全不一樣。他的老師從來沒有講過一次課，上來就是讓學生們先去寫一個程式，完全自學。自學寫程式，編一個射擊飛機的小遊戲，之後，遊戲的難度變得越來越大，後來他們這幫人全都成了很棒的程式工程師。

而我學C語言的方法跟學歷史差不多，就是把所有的地方全背過，填空別填錯，問答題背答案。到最後的結果就只是打了個卡，但是根本不會寫程式。

這就是沉浸式學習和觀光式學習的本質區別。

■沉浸式學習對思維成長的重要意義

- 沉浸式學習幫助我們成為事件的「主人公」，不斷體會和探索

我們的人生其實也分為沉浸式和觀光式。很多人把這一輩子過成了觀光式的，一路上了大學、工作、談戀愛、結婚、買房子、裝修，接著生孩子、養孩子。你發現他永遠活在程序之中，沒有樂趣，也不喜歡，更沒有成為專家。

其實，我在上大學前，和大多數人差不多。但我很幸運，在大學辯論隊體會到了沉浸式學習的好處。很有意思的是，學校根本沒有一門課告訴我們「如何成為一個好辯士」。假如有這麼一門課，有三個學分，所有人都報名學習，我相信培養不出多少好辯士。

培養出好辯士的方法就是——有這麼一個比賽，你來不來吧？你

要來這兒比賽，好，想想怎麼贏。這時候你根本不需要別的教練和老師天天督促你，說你該讀書了，你該記筆記了……等等，這些都不需要。你反而會特別勤奮，每天沉浸在那個比賽當中，不斷地研究怎麼能夠把這個事做得更好，怎麼能夠準備更多的素材，甚至激發出內心的潛能。

當時我們想取得更大的進步，於是一群大學生就熱血沸騰地去請知名教授來給我們做講座。因為沒錢，便硬腆著臉請人家免費來講。教授好不容易來了，講得很精彩，說了一些書的名字。我們也沒聽說過，怎麼辦？趕緊去查，查了以後去圖書館借回來就趕緊看，用「如飢似渴」來形容一點也不為過。因為我們沉浸在這個過程中，我們想要去爭取，想要贏得比賽。

- 沉浸式學習往往是目標導向的

印度人曾經做過一個測試。測試人員在一個貧民窟裡安裝了一臺電腦，嵌在牆裡邊，只露出了鍵盤、滑鼠和螢幕。沒有人給貧民窟的人提供任何關於電腦的知識。

過了兩週，大家發現貧民窟裡的小孩幾乎全都學會了玩電腦、打遊戲，踩地雷、撲克牌全學會了。

小孩子喜歡玩遊戲，他就願意花時間在這上面。他們學習使用電腦，這個過程是非常快樂的，能讓他們在精神上得到滿足，激發他們探索未知的興趣，這才是真正的、有明確目的的學習。

在工業標準化的時代，大學設置了好多學系，養成的人多數只是為了好就業，找個好工作。我上大學的時候，為了學打字還交了九十八塊錢的學費。

這種學打字的行為，並不是以目的為導向的，而是為了學而學——「打卡」嘛，所以過程很痛苦。人家印度的小孩在貧民窟裡自己就學會了，這就是沉浸式學習的魅力所在。

■講書是強沉浸式學習，能鍛鍊一個人的主人翁意識

很多書友跟我反應說，這本書我讀了，為什麼沒覺得有你講的那麼好呢？你換個角度想，如果你不是聽眾或者普通讀者，你現在就得把這本書講給你的家人聽，講給你的鄰居聽，講給同事們聽，你是不是就得努力找出這本書的意義呢？

每本書都自帶使命，那這本書的意義到底在哪兒呢？如果我們沒有主人翁意識，都希望別人告訴自己書的意義在哪兒，那麼很有可能別人告訴你了，你還是不相信或者挑剔。

當一個人把自己的學習和成長當作別人的責任的時候，你會發現他成長得非常慢，他永遠在懷疑，永遠在排斥，永遠在挑剔。他甚至希望你把一本書濃縮成一頁紙，再之後，一頁紙也不行，只接收最關鍵的三句話……這個人一定會在學習上越來越懶惰，最終停止學習和成長。

為什麼說講書是強沉浸式學習呢？

當你成為老師，成為那個要給別人傳授知識的人，你會發現，講書是一種強沉浸式的學習方法，它會讓你進入「心流」狀態。沒有意義，自己找；沒有脈絡，自己找。你會主動在書的字裡行間尋找脈絡和意義，然後把它梳理出來，再加上準備的過程當中你的專注力比平時高，這一連串的行為會極度且長久地鍛鍊思維邏輯。

我印象特別深的是，看完一本書的時候我記不住什麼，但每次我準備完一本書的心智圖，並且在錄製的時候講一遍之後，這本書百分之八十的內容就都被我記住了，而且很難忘掉。

在這個過程中你會很累，感覺很費勁，但這時候大腦經過了多次的運算和啟動，就是《認知天性》[1]那本書裡所說的「提取」（摩擦），有了足夠多的提取，你的大腦受到了足夠多的挑戰，你才更容易記住那些內容。

■以講書為目的的深度學習

我在準備一本書的時候，大腦始終處於興奮狀態。但準備時間絕對不會超過一天。今天想起來看幾頁畫一句，然後去吃飯，吃完飯回來再看看，畫幾句話出來——我絕不會這樣看書。這時候我們會發現，貫通感、連續性和興趣點都沒有了。

我讀書的習慣是，一旁先擺上一張空白的紙，然後開始翻書，邊看邊總結。看完了，合上書開始回憶。這時候大腦是警覺的，處在高度興奮當中。這就是二次學習的過程，這個過程是非常緊張的，而且是不容逃避的。然而，「普通」地閱讀一本書的時候，我們可以做到放鬆。

舉個例子，前段時間我看了一本書叫作《未來戰爭》。這本書很有意思，講未來的戰爭是什麼樣的。但是我覺得它不能用來講書，因為這跟大部分人沒什麼關係，所以我決定不講這本書，但我還是很有興趣地把它讀完了。

「普通」的閱讀過程是放鬆的，這個過程一點也不累，怎麼看都行，躺著看、趴著看、在飛機上看，都可以。

但是當我真的去準備講一本書，或者以講書為目的提示自己的時候，我就需要讓自己集中注意力。我會把自己封閉在一間書房裡，手機扔到其他房間，不讓手機打擾我，我開始想：

- 架構是什麼？
- 開篇先說什麼？
- 這裡邊最動人的故事是哪個？
- 最有價值的點在哪兒？

我大腦中尋找價值的雷達一直開著，一直在這本書中不斷搜尋。如果我遺漏掉了書中幾個關鍵資訊，那就是很大的遺憾。為什麼我在準備一本書的時候很少有重大的遺漏？因為我是一頁頁翻過去的。因為我看過一遍了，所以可以很快地翻過去，看看書中最有價值的那個點在哪兒，記下來。

■講書帶來的長期影響

我特別想告訴大家講書給大腦帶來的長期影響，這個過程是潛移默化的，也是我自己感受很深的一點。比如在我看來，《複雜》、《反脆弱》、《你就是孩子最好的玩具》、《賦能》[2]、《高績效教練》是「同一本書」。

讀者一定很奇怪，光從書名看，這幾本書就千差萬別，一個是複雜科學，一個是哲學探索，一個是兒童教育，一個是企業管理，一個是績效教練，你怎麼說它們是「同一本書」呢？

其實，在我看來，它們的結構和知識邏輯都是相同的。透過積累閱讀和無數次心智圖的洗禮，我的大腦建立起來了足夠多的交叉和神經元連接。

我現在明顯感覺自己了解的事比過去多了很多。我站在講臺上經常要講三個小時，以前都要提前準備好，一條條地列出來，再演練。現在基本不需要準備，腦海裡似乎有講不完的知識。遇到任何主題我都可以調出知識庫裡的內容，把它們串聯起來，形成完整的邏輯迴路。我可以非常快地把這些知識歸納出第一點、第二點、第三點，條理清晰地圍繞主題來論證它。

如果你現在還沒有找到更好的學習方式，我強烈建議你開始講書。不一定要掙錢，你可以給家人和朋友講，甚至看完一本書以後繪製一張心智圖，給自己講，讓知識和學習形成一個循環。

你會發現自己在講書的過程中需要旁徵博引，而這種引證來自你現在的知識庫。不斷地積累和練習，會讓你的知識庫越來越豐富，而且所有的知識連接都會逐漸建立起來，而這種連接數的指數級增長，會令你的大腦更強健。

這個學習過程在一開始會非常艱難，我也不例外。我一直堅信，每個人的大腦其實差不多，每個人大腦的容量、活躍度、營養程度的差別幾乎可以忽略不計。

《刻意練習》一書裡提過一個原則——這個世界上的事只要有一個人能做到，其他人就都能做到。我採訪過《最強大腦》節目的冠軍，我問他，他的記憶力是不是天生的？他說不是，有些病症會使一個人記憶力變異，那是天生的，而像他這種是練出來的。

講書的最大好處是，在這個過程中，你不得不去逼迫著自己，要讓大腦裡的神經元聯結起來。

孔夫子講「溫故而知新，可以為師矣」。講書就是當老師，你要當老師靠什麼呢？靠的是溫故而知新。你光把書上的內容念一遍，不就是錄音機嗎？

如果你能夠溫故而知新，能夠從這本書聯想到那本書，聯想到之前的那個方法，聯想到我們實際生活當中的案例，這時候，你就把這本書讀活了。在它活躍起來的那一刻，其實是你的大腦神經元建立起聯結、整個大腦產生質變的那一刻。

這就是我說的讀書所帶來的對於我們大腦的好處，而講書所帶來的挑戰要比讀書更大。

本章小結

1. 閱讀是大眾「反脆弱」的武器。
2. 閱讀有兩個特點：主動性和針對性。
3. 閱讀使我們從「單向度的人」變為「多向度的人」。
4. 「多向度的人」思維體系的三大支柱：事實、邏輯、批判性思維。
5. 「講書」是最高效的沉浸式學習方法。

注1 繁體版為《超牢記憶法》，彼得．C．布朗，亨利．L．羅迪格三世，馬克．A．麥克丹尼爾著，天下文化。為方便讀者上網搜尋本書提及的「樊登說書」各書相關影音，因此文中的書名皆保留簡體書名，繁體書名另以注解方式補充。若簡體版與繁體版同書名，或者該書未出版繁體版，則不另做注解。

注2 繁體版為《美軍四星上將教你打造黃金團隊》，史丹利．麥克克里斯托，譚頓．柯林斯，大衛．席佛曼，克里斯．福塞爾著，商周出版。

02

工科男的講書之路

我絕對不是一個天生就特別喜歡讀書的人。碩士畢業的時候，我還曾經發過誓，說以後再也不讀書，再也不參加任何形式的考試了。

我從小生活在一個擁有理工科背景的家庭裡，爸爸是數學教授。我家的口號就是：學好數理化，走遍天下都不怕。了解了牛頓的經歷後，我才明白學數學是一件非常殘酷的事。全世界學數學的人，一個世紀下來，成功的人能有二十個就算很大的數量了。

所以學數學的這幫人經常說的一句話是，我已經老了，我已經三十歲了。看看，三十歲就已經老了，就已經一事無成了，沒機會在科學研究的路上拚搏了。

我爸爸熱愛數學，學了一輩子數學，成了一名普通的數學教授。他看到了學數學這件事的殘酷，便讓我將來選主修不要選數學，但是他很重視我的理科學習。

那時候，我喜歡偷偷讀一些少年文藝、兒童文學類型的書，這在我們家可算「禁書」，只要發現就會被父母沒收。我媽還比較溫和，我爸沒收了直接就扔掉，然後我就只能讀課本了。在我看來，課本屬於特別單調的閱讀文本。上中學後，我跟大家走的路都一樣，就是拚命為考試做準備，最後考上了西安交通大學。

我的碩士階段也在西安交通大學度過。畢業那段時間，我覺得非常煩惱，因為考試考得我頭疼，我考完碩士最後一門課的時候，當著全班同學的面把課本扔進了垃圾桶。那一刻起，我感覺自己獲得了自由，整天無所事事，每天最喜歡做的事就是看電影，這種狀態一直持續到我在中央電視臺做節目的時候。

做節目的那段時間，我一週大概花上一天時間工作就夠，剩下的時間沒什麼事做，再加上那個節目又做得不順利，所以每天很鬱悶。在那段時間裡，我唯一富足的就是有大把的時間。其他人都在上班，我就每天開著車在北京逛寺廟，開車開到野外，一個人在山頂坐著，悠閒極了。

漸漸地，我覺得有點空虛。那個時候我才想起來，我是不是應該讀讀書啊？首先選的就是《論語》。為什麼我要選《論語》？這要歸因於在央視做節目期間受的打擊。

那時候每次開策劃會，鄭也夫、楊東平這些大學者說的話我都聽不懂，人家張口就引用孔子、老子、孟子的話，都是一字不差地引用原文。而我完全跟不上，所以只能在旁邊默默地記下來，寫的還都是錯別字，因為根據發音，我不知道他們說的是哪個字。那時我真的是處於特別「無知」的狀態。當時我就意識到，自己的底子太差了！

我底子這麼差，是怎麼創辦讀書會的呢？其實源於偶然。「樊登讀書」成立於二Ｏ一三年，靈感源於一次偶然的經歷。我在給ＥＭＢＡ班學生上課期間，發現自己給學生推薦的書，學生只買不讀，於是我想著把自己讀過的書分享出來。

起初只是把讀過的書做成ＰＰＴ分享給學生們，然而，學生們甚至連ＰＰＴ也不願意看。最後我就開始用微信群來講課，沒想到有了意外的收穫。

不過俗話說，一切偶然的背後都是必然。我走上了講書的道路，源於很多人生經歷。但更重要的是我對幾大關鍵技能的刻意練習。接下來，我想講講我是怎麼一步步完善自己的講書能力的。

辯論隊培養我正確發聲和掌控能力

講書就要開口說話，說到這裡，不得不提我人生中的重要階段——加入西安交通大學辯論隊。我參加辯論賽一開始出於愛好，後來就變成追逐榮譽感；就是你想獲得更高等級的冠軍，從學院到學校，再到省裡的冠軍，甚至當全國的冠軍。於是我在辯論隊度過了很長時間，也進行了一項非常重要的訓練——發聲練習。

在參加全國比賽的時候，我經歷了一次高強度的刻意練習，可以說是地獄式的訓練，每天早上六點鐘起床，站在操場上先練習發聲，就是me、me、ma、ma這樣發聲。後來我們就在操場上讀詩，有一天正在那兒讀著，一位老太太在操場另一邊鍛鍊身體，隔了幾百公尺的操場，她就站在原地跟我們說，我們發聲的方法都不對。她的聲音清晰地傳到了我們耳朵裡，發聲方式一聽就不一樣，於是我就把她請過來給我們講講課。

原來她是鐵路文工團的一位演員，文工團就在離我們大學不遠的地方。她退休了，每天都在操場上鍛鍊身體。發現我們在那兒瞎練後，她說，乾脆她教我們，於是她就每天早上過來教我們腹部發聲法——每次吸氣的時候肚子要鼓起來，然後呼氣的時候用腹部的氣慢慢地把聲音頂出來。用這種方式說話，連續說一個禮拜嗓子也不啞。

後來我就都用這種方式來講書。我當講師的時候，最長的一次是連講了十八天課，而且是晚上飛到另外一個城市，早上起來就講，然後當晚再飛到另外一個城市，第二天早上起來接著講。有時候航班延遲，半夜兩、三點鐘起飛，早上起來照樣講。

經歷這種節奏，我的嗓子都沒啞，真是不可思議。十八天，每天講六個小時都沒事。但是你會發現，有的人講話講半個小時就聲嘶力竭了。主要原因是他不會發聲，他的氣都在胸部，所以每次一吸氣，胸部是鼓起來的，這不對，吸氣一定是腹部鼓起來。後來有位練瑜伽的老師教我說，吸氣的時候連肋骨都要鼓起來，要吸到肋骨能夠挺起來，這次呼吸才是真正有效的。

我們每天早上起床，就瘋狂地在操場上練習，一邊練發聲一邊背詩，一舉兩得。吃完早餐回來，上午就是一堂課。我們每天上午都會請一位教授講課，全陝西各種有名的教授都請來，講西方哲學史、東方哲學史、美術史、美學史、倫理學史，學習各種各樣的知識。

我們的教練特別厲害，有一位是「樊登讀書」現在的「知識超市」裡開課的韓鵬杰老師。韓老師講哲學史都不用準備，就是往那裡一坐，端一杯茶就開始講。從古代的泰勒斯[1]一直講到當代的沙特，引用原文時可以不做任何停頓，全部能記住，非常清楚。所以我聽完就震驚了，原來講課可以這麼厲害。

那段時間的訓練讓我大開眼界，也埋下一顆日後傳播知識的種子。我記得，在老師講課之前，我聽說過維根斯坦這個名字，但壓根不知道這個人做了些什麼。聽了老師的講述後，我就覺得這個人太厲害了。這種知識的傳遞，在一個個年輕人心中種下了種子。我們會覺得，透過聽課，了解很多知識，是一件很酷的事。所以每天早上起來我們都會聽很多這樣的課程，聽完課以後可以跟老師討論，現場提問。

下午就是比賽，我們被分成兩組開始辯論。為了增加難度，老師還讓我們一對多辯論——一個人對四個人辯論，我經常充當那「一個人」的角色。

但這種辯論不是自由辯論。所謂的一對多辯論，是說你作為一辯要先發言，一辯發言完了對方一辯發言，你再作為二辯發言，接著對方二辯發言……以此類推，以這種模式，一對四就這麼一直辯論下去，最後你還要作為四辯進行總結陳詞，然後對方四辯發言。

我還發明了一個更「變態」的訓練方法，就是自己跟自己辯論。正方說一句，反方說一句，看能堅持多長時間。堅持的時間越長越厲害，因為這要求的邏輯轉換能力是非常高的，所以這段辯論期間的訓練對於我們每一個學生來講都有很大的收穫。

除了發聲方法，辯論隊的訓練還成就了我的掌控力。

我們當時參與辯論的要求是不看錶，站起來說話，到三分鐘就坐下來。因為電視辯論賽會計時，老師就要訓練我們的時間掌控力和說話的節奏感。後來，每次我們站起來說話，說定坐下，時間基本上能控制在兩分五十幾秒。這都是訓練出來的。

到了晚上，我們就會打一場正式的比賽。這些比賽都是有觀眾的，因為這樣可以給選手帶來壓力，然後每天都會錄影。所以，一個暑假的訓練，我們每個人都脫胎換骨，語言表達體系和能力有了品質的飛躍。

這個訓練還有一個很大的附加作用，就是磨練了我們的心理素質。有很多人對我說，為什麼他一站在大家面前講話，頭腦就一片空白，而且口乾舌燥的？要知道，嘴裡邊沒有唾液就是緊張的表現。我每次講完課以後，衡量自己講得好不好的最簡單的方法，就是看嗓子疼不疼。嗓子疼一定講得不好，因為這證明體內分泌的神經傳導物質是不對的。人特別緊張的時候，唾液都不分泌了，嗓子自然會乾澀。

在辯論隊的那段時間，我們在觀眾面前打比賽，有勝負，有打分，有觀眾提問，挑戰特別大。一開始非常不適應，但慢慢地，我就習慣了這件事，心理學術語叫作「減敏」。一旦你減敏了，你對這事就不會焦慮了，就會坦然很多。

所以，對於講書人來講，減敏這一關是必須要過的，沒有捷徑，只能多講，對各種各樣的人講。

以上是第一項我認為最重要的訓練，這奠定了我講書的硬體條件。發聲方法和節奏掌控，都是可以練習的。關於發聲方法，我練習了一個暑假；而關於時間掌控，讀者們可以用馬表練習。

培養幽默感，吸引眼球

第二項非常重要的訓練發生於我在中央電視臺的時候。

二〇〇〇年，我碩士畢業後參加了一個用五十萬年薪招聘節目主持人的大賽。我有幸得了冠軍，拿到了五十萬年薪的合約。崔永元老師是評委之一，我和他特別投緣。

但是崔老師跟我說：「你掙不了這錢。」（他那時候就洞若觀火）我說：「為啥？」他說：「你想，跟你一起工作的人的工資都是兩千塊錢一個月，你掙五十萬，全組的錢都被你掙完了，所以大家恨死你，你肯定幹不下去。」然後我說：「最起碼我要試試。萬一掙到，五十萬可是一筆鉅款。」那時候十萬塊錢可以買一套房子，我一年掙下來可以買五套房，於是我就留在了該電視臺做節目。

果不其然，我很快就做不下去了。後來崔老師就打電話說：「你乾脆到中央電視臺來吧，我教你怎麼做節目。我覺得你需要的是學習，而不是那個錢。」我後來便把工作辭掉，直接到北京，在中央電視臺工作。

我到中央電視臺以後，受到的最大的訓練是顛覆過去說話的方式。我在辯論隊說話的方式在當時被所有人嘲笑，每個人見到我都說「對方辯友」。因為在會上只要一發言，我就挑別人毛病，我就說你說得不對。這是為什麼呢？因為辯論的習慣。辯論的習慣帶來的就是整天用排比句，整天給別人施加壓力，覺得誰都不對，完全不知道自己是一個充滿負能量的人。

後來崔永元老師就教我，他說：「你要學會說人話。」我說：「啥叫學會說人話？」「好好說話，客氣、和藹一點。別動不動跟人爭論，沒有那麼多好爭論的，有那爭論的時間就把事幹好，這樣多好。」

那段時間，我不斷地聽到來自方方面面的聲音，對我幫助最大的就是我徹底忘記了辯論這回事。後來有一次，同事們讓我去參加臺裡的辯論賽，路一鳴當評委。來自不同部門的選手互相辯論，我自認為辯得挺好，最後竟然輸了。

路一鳴說我說的不是辯論的語言，實際上，我說話的節奏已經慢下來，已經開始靠近正常聊天的那種感覺。所以在這段時間裡，我回到了一個正常說話的狀態。因此大家現在看到我平常跟別人說話的樣子，不會覺得我是一個辯士出身的人。

我在中央電視臺受到的更重要的訓練是學會幽默。

有一次，我們做辯論主題的試播片。有一位嘉賓急了，就衝著我喊：「你們這樣做不公平！」兩邊辯論隊也急了，也說主持人不公平。然後我就說：「我們挺公平的，你看我們讓你發言一次，他發言一次，有什麼不公平？」

這就變成了主持人參與的一次「吵架事件」。下來以後，崔永元老師跟我檢討，說：「你看，別人指責你不公平。如果是我的話，我就扭頭看那個女主持人，我說：『說妳呢。』就結束了。大家只要這麼一笑，這事就化解了。但是你特認真，你還在跟他不斷地辯論，你把這個節目帶歪了，沒有沿節目主題往下走，而且還喪失了風度。」

我突然就覺得自己太幼稚，完全不懂得開玩笑，也不懂得維護一個談話場合的氛圍，只是自己一味地說得開心，根本不去管底下的觀眾聽著是什麼感覺。後來怎麼辦呢？我也教大家一個很好用的方法。

那之後，我就每天看各種各樣幽默的片子。我在電腦裡建立了一個文件，就叫作「幽默素材」，然後把所有我聽到的好玩段子記下來。最後大概蒐集了幾百個笑話。這其中，有些素材來自吳宗憲做的節目，有些來自美劇《六人行》，有些來自崔永元的節目，還有胡瓜的節目。那時候很紅的主持人做的節目我都看，看完以後，我會將自己覺得有趣的笑話記下來。還有很多笑話來自講幽默的書上那種好看的笑話。

我當時還嘗試著給笑話歸類。看看笑話有沒有規律，找找一共有多少種「抖包袱」的方法，然後給它們分門別類。這種喜歡蒐集笑話的習慣慢慢地培養出了我的幽默感。高級的笑話讀多了，好玩的東西讀多了，我經常會不知不覺地跟別人開玩笑。

當然，幽默感也要有度，有分寸。有的時候是自嘲，有的時候是善意的諷刺，但是如果把握不好這個度，對方也會發怒。這一點就要靠不斷地積累和嘗試，掌握好規律和場合，恰如其分地應用。

第一次實戰：三本書撐起一門課

後來為了謀生，我開始講課。

北大的一個老師說：「你既然是中央電視臺的主持人，你來給我們講一門課吧。」我那時候主打的課程是公共關係。因為中央電視臺那時候是導致企業出現公共關係危機的主要單位，企業一旦被央視曝光，就會完蛋。所以大家一聽說中央電視臺的人來講危機公關，就覺得特別好。

我為了準備這個課程去買了三本關於危機公關的書。看完這三本書後，我腦子裡便出現了一個危機公關的課程大綱。於是我就將那三本書的內容綜合在一起，寫了一個長長的PPT，就形成了一個危機公關的課程。

這個課程我至少講了十年。每講一次能掙五千～一萬塊錢。而我買三本書一共才花了一百多塊錢。投入產出比真的太高了。形成了體系化的內容後，我就可以把那幾本書的內容反覆地講。大學裡很多老師到現在還是講二十年前的案例，基本都是這幾本書裡的內容。他們就是看完這幾本書以後，將其變成自己的課程繼續講。

這讓我意識到，原來書可以衍生出非常高的價值。後來出現的知識付費，原來早在很多年前我就開始嘗試了。這也是後來我創辦「樊登讀書」的信心泉源，因為知識就是強勢貨幣，放在哪個時代，都是高保值的東西。

在北大講完危機公關的課，我接著就開始講領導力的課和壓力管理的課。我講的壓力管理的課最有趣，起因是有一位老師找我說江湖救急，一所著名大學找人講壓力管理的課，但沒有老師可以講。

我說我也不會，沒學過怎麼講呢？他說：「你看本書就行了，我們相信你。」因為他們覺得我學東西快。我問他們給我多少錢。他說一天一萬兩千塊錢。那個時候，我一天的課酬不到一萬塊錢，他們給我一天一萬兩千塊錢，我認為值得為此買本書，這個錢是應該花的。於是我就去買了三本與壓力管理有關的書。

看完這幾本書以後，我寫了一個兩天課程的教材。一個我從來沒有講過的話題，我要上講臺連著講兩天，十二個小時，而且底下坐滿了銀行的高階主管。但是我一點都不忐忑。講完以後，那個學校的負責人跟我回饋說，我是他們有史以來評分最高的老師，得了將近一百分，學員滿意度極高。

關於類似的講課和講座，我需要不斷地創造一些價值出來，才能真正惠及他人，讓他人滿意。之前在電視臺的時候，我不需要為價值負責，只需要為收視率負責。那時候，我們思考問題的角度都是來自收視率，是如何讓更多的人看，而不是這件事情本身價值大不大。在大學講課這件事，需要追求的則是講課內容本身有沒有意義？人們願意買單嗎？有人想要花錢聽你講課嗎？它是有價值屬性要求的。

所以在這個過程當中，人們就能夠快速地去歸納和總結價值。為什麼我從一本書裡能夠迅速地提煉出很多有價值的東西？因為我知道這東西能賣錢，這些東西就是值錢的東西，別人聽了會感動、受到啟發，或者覺得耳目一新，是之前完全沒有聽過的。我對什麼內容能產生價值這件事很敏感。

上面提到的三段經歷，總結起來就是，辯論的訓練是規範發聲體系和掌控能力；電視臺的訓練是增加幽默感和趣味性，你想吸引眼球，得有趣味，得好玩；校園講課就是提升內容提煉和價值挖掘的能力。所以我很感激這三段經歷對我的重要影響。

刻意練習＝時間×積累

對我來說，最重要的訓練是做了讀書會以後，我每週必須講一本書給大家聽，這個壓力是很大的。

我早期講《大汗之國》這樣的書，講得非常吃力。對歷史類的書，我心裡是沒底的。那時我想的是，我已經講了這麼長時間的實用類的書，試著講一本《大汗之國》這樣的故事書行不行？嘗試一下。

最後講得口乾舌燥。雖然到現在還是有很多人願意聽，覺得我講得還不錯。但我知道，關於那本書，我講得並不自如，並不舒服，並不好。

把《大汗之國》和我後邊講《列奧納多·達·芬奇傳》[2]放在一

起比較，就能感覺到我講書的狀態是完全不一樣的。講《列奧納多．達．芬奇傳》時，我是完全投入、享受的，進入了「心流」狀態。

在我每週需要講一本書以後，我逐漸感覺到腦海當中所積累的東西變得越來越多。我最近在看《機械宇宙》[3]。光看名字，會以為這是一本科幻小說，其實不是。它講的是牛頓的科學發現之旅，講的是牛頓和皇家學會的那一段歷史。

如果讓普通人看這本書，一定會非常痛苦。為什麼呢？它首先要跟你講宇宙的運行軌道是怎麼回事，然後從亞里斯多德講到哥白尼，到第谷，再到第谷的學生克卜勒。把這些搞明白以後，再去給你講中世紀到底擁有什麼樣的社會文化，什麼樣的風氣，講其殘忍的生存狀態，每個人都生活得很愚昧……等等。

所以讀者會覺得讀每一段都很新鮮，但也很累。不過，你知道我讀這本書是什麼感覺嗎？我一讀他講中世紀背景的時候，我就認為這個作者應該讀一讀《人性中的善良天使》[4]。如果他讀過《人性中的善良天使》，他會寫得更精彩。因為那本書用了上下兩冊的篇幅，把這段歷史講得非常精彩。我看過那本書，所以在看這本書時，就只需要看有沒有不一樣，有沒有創新的。當他講克卜勒、第谷這些人的時候，我就想，讀者應該先讀一下《世界觀》。《世界觀》那本書講的就是這些事，而且時間線非常清晰。

如今，在大家看來，我在讀一本在別人看來很艱深的書的時候，彷彿很輕鬆，跟讀小說似的，兩天就能讀完。不是因為我天生如此，或者智商超群，而是因為腦子裡裝了很多背景知識以後，再去吸收新的東西的時候，我會覺得很簡單。我此刻唯一需要做的就是看看有沒有差異，看看這本書有什麼創新的觀點。

因此我能更快地找到一本書的價值。比如《機械宇宙》，它特別有價值的部分就是講牛頓的部分，因為我講過了愛因斯坦，講過了《世界觀》，講過了《人性中的善良天使》，但沒有講過牛頓，所以我把這本書當作「牛頓傳」來看。將來給大家講這本書，大家會知道牛頓是怎麼成為一位「大神」的，這是一個很有意思的視角。

如果想要訓練自己的講書能力，我建議大家先對自己做出一個承諾，比如每週給身邊的人講一本書，給親戚、朋友或者閨密講都可以。大家聚在一起別總想著玩，別總打麻將，我們每週講一本書吧。一開始，你可能是在逼迫自己做這樣的準備，但未來你會發現，自己才是最大的受益者。

經受一次次「折磨」，你腦海當中的神經元連接就會不斷增加，對此我個人的感覺非常明顯。我之前並沒有現在這麼能說，也沒能像現在這樣什麼事都能說出個門道。但現在，比如，你告訴我中世紀黑死病的情況，我知道；你告訴我古希臘有哪些人，有哪些流派，我知道，最起碼聽過；生物學的發展過程，我知道；基因怎麼來的，我知道；果蠅實驗做了多少次，在哪個實驗室做的，我都知道。

我現在跟其他人聊天的時候，很少遇到對方說一件事而我完全沒有頭緒的狀態。如果真遇到不懂的情況，我反而會特別興奮，馬上找本書來看。一找到書，看完，就知道了。

所以大家千萬不要著急，或者想走捷徑，一定不能小看累積的過程。一個人讀書絕對不是一下子讀得很快，我也不是，我花了很多年才有了今天的積累，更何況有些書我到現在都還不太敢講呢。

腦海當中積攢的東西越多，你就越能夠把它們聯結起來。你會發現，它們會自發地聯結起來，你會知道東方人是怎麼想的，西方人是怎麼想的，它們之間有什麼共同點和不同點。然後你看每一本新書的時候，就會覺得很輕鬆。

太陽底下沒有新鮮事，所有你為之感嘆、為之興奮的主題，一定只是前人主題的重複和迭代。我最早在看這種科學史類的書的時候，非常激動，比如看《世界觀》這樣的書，會有心潮澎湃的感覺。等後來再讀《機械宇宙》的時候，我就發現其主題非常明確，就是人類的進步，如何用知識打敗蒙昧。我也不會為當年牛頓竟然是這麼一個人而驚嘆，因為我已經知道這件事了。這樣的好處是，你在閱讀新書時付出的精力就會極度縮減，就能快速地擊破一本本困難的書。

學會講書，為知識鬆綁

閱讀是很痛苦的事情。因為閱讀不僅需要你花費不少金錢去買書，而且，最重要的是你還需要花費大量的精力和時間在這上面，成效還有可能不明顯。

絕大部分人是擁有學習、進步、閱讀的欲望的，但是最後往往堅持不下來。這是為什麼呢？因為閱讀是一個辛苦活，它特別需要閱讀者做深度思考。對於很多人來說，教育環境使然，思考成了一件稀缺品，再加上需要堅持，成為習慣，閱讀就更是難上加難。

一方面，閱讀沒有樂趣；另一方面，知識得不到有效的轉化，難見成效。

閱讀的時候，我們畫線也好，做筆記也罷，過不了多久，你可能就忘記了大部分的內容，好像記憶沒有被儲存一樣，或者被自動清除了。也就是說，你完全沒有將這種記憶儲存在你的大腦中。

在傳統的表面閱讀之下，讀者看似學到了很多東西，但並沒有真正掌握它。那麼，有多少知識得到了轉化呢？很少。所以有人說自己讀過很多書，掌握了快速閱讀的方法，實際上，它是現代人「偷懶」的一種途徑，它不能解決你閱讀的根本訴求。

正常的閱讀，你需要用眼睛看文本，大腦需要解讀文中的資訊，然後大腦需要對視覺訊號進行識別，識別後解碼，解碼後傳輸到神經元，透過神經元儲存起來，要用的時候再把它拿出來。

正常人的閱讀能力為每分鐘五百～七百字，超出這個範圍，大腦沒有能力處理，記憶就會出現問題。

而用嘴講一分鐘話，其資訊量可以達到傳統閱讀的三～五倍，也就是說可以傳遞兩千～四千個字的資訊量。其關鍵就在於大腦在講書的過程中除了會識別、解碼，還會過濾、記憶、翻譯、提取訊息。

■真正的讀書學習，是要走出閱讀的舒適區

講解並分享一本書的過程要經歷三個環節，第一是篩選，第二是過濾，第三是選擇。這就要求我們在閱讀的過程中，時刻問自己三個問題：

- 第一、我能不能準確地把握這本書真正的含義，理解這本書？
- 第二、我能不能用自己的語言表達出這本書真正的含義，且表達清楚？我的資訊效度和信度如何？
- 第三、我表達出來的內容能不能讓沒有讀過這本書的人無障礙地理解？我的語言風格是否通俗易懂，能否被二次傳播？

這三個問題是每個讀書人在讀每本書的時候都要銘記於心的。而在講書的過程中，這已經變成我的「肌肉記憶」了。所以每讀一本書，我都是帶著問題去讀的，讀完要先回答自己，把自己說服了，我才會講給更多的人聽。這種類型的輸出，每一次都意味著從被動閱讀變成了主動閱讀。

大概集中地讀了一百本書以後，我能明顯地感覺到自己讀書的速度越來越快，越來越輕鬆，而且很容易抓住重點。這說明久而久之的訓練給我帶來了極大的好處。

選擇、篩選、解讀、思考和驗證，這些中間環節，除了自己，別人沒有辦法代替你。透過講書的一套方法，經過自己的處理，將所有高深莫測的句子轉換成自己的語言再講出來。這個過程是很「磨人」的，時常會讓人感到大腦很累，很不舒服。

但讀書就是要真正理解其內容，把書本裡的東西變成自己的。有些功夫不得不花。

我認為我現在做的「樊登讀書」，和讀者想要學習的這套講書方法，其核心意義都在於「為知識鬆綁」。

知識和錢不一樣。比如，我手裡有一筆錢，我如果把這筆錢給了你，那我就沒了。所以錢基本上是零和狀態，要麼你有，要麼我有。我給你，我就沒了。

知識不是零和的。當我擁有知識，並且讓更多的人也擁有這個知識時，知識的效用就變得更大。

講書的五種必備能力

講書的人需要具備哪幾種能力呢？

■第一、邏輯思維能力

很多人讀書抓不住重點，不知道一本書的主題是什麼，不了解一本書的論證過程。什麼是邏輯思維能力？就是要知道什麼叫作前提，什麼叫作假設，什麼叫作論證，什麼叫作論點，什麼叫作論據，這些東西要搞明白。

所有的論證，要麼是用歸納法，要麼是用演繹法。

第一個是歸納法。歸納法的特點就是你看到了n個正確的案例，於是判斷第n＋1個也是正確的。你們確定明天太陽從東邊升起嗎？我們知道，世世代代，太陽都從東邊升起，我們就覺得太陽應該從東邊升起。這是歸納法。

然而，歸納法帶來的結論是我們需要警惕的。為什麼有很多書我不選來講呢？因為那些書裡全是歸納法。比如，它會告訴你李嘉誠是這樣成功的，比爾．蓋茲是這樣成功的，祖克柏是這樣成功的……舉完這麼幾個例子以後，作者便總結出來一條，說人一定要努力，這是很重要的。這套歸納法得出的結論從邏輯上是站不住腳的。但在現實生活中，我們特別容易被歸納法迷惑，這時候一定要警覺。

有很多父母，本身非常優秀，但在某些問題上也會落入「邏輯陷阱」。比如，他們聽說各路高手是用了哪種方式，看了哪些參考書，或者報了哪些補習班，然後考上清華大學的時候，他們就認為自己的孩子也可以複製這些路徑。因為考上清華大學的這個目標太誘人了，這些家長就禁不住用歸納法來解決問題。

第二個是演繹法。演繹法就是大前提、小前提、結論，三段論。所有符合這個條件的人都考上了清華大學，誰符合這個條件，誰就可以考上清華大學。這個推理的過程是沒有漏洞的，基本上是正確的。如果大前提正確、小前提正確，結論一定是靠譜的。

舉個例子，所有的人都會死，蘇格拉底是人，所以蘇格拉底會死。這就是演繹法。演繹法是科學表述的一個常規方法，所有的理論都是這樣的。

聰明的讀者一定發現了，演繹法本身也有一個小bug（缺點）。

這個 bug 是什麼呢？大前提本身是由歸納法得出來的，就是「所有的人都會死」。

所以如果我們非要深究起來，那這個世界上真的沒有可講的東西，因為深究起來都站不住腳。不過，雖然我們不能保證邏輯的完備，但追求科學性，會比較容易接近真理。

邏輯能力還表現在另外一個角度，就是你怎麼講書。

在講書的過程當中，你也需要把大前提、小前提、結論表現出來。即便是歸納的部分，也要用三段論來表現。比如舉例子，舉例子是為了驗證我們的那幾個前提，最終能夠幫我們的用戶得出結論。

我當年參加辯論賽的時候，最主要的工作就是論證。論證就是，你說完一個觀點，要想辦法讓大家接受且認可。這其實是一個智力遊戲。我們現在都知道，這個東西不存在絕對的真假和絕對的對錯，但是這個智力的遊戲表現的是你的邏輯能力，是看看你能不能用大家都能接受的邏輯，來組織和轉化你所要表達的內容。

邏輯能力在今天這個時代彌足珍貴，原因是我們的大腦都特別懶惰，大腦最主要的習慣就是能不思考就不思考，能不推理就不推理，能停下來就停下來。大腦的這種惰性導致我們不願意使用批判性思維。

關於如何提升邏輯能力，我推薦一本書——《思辨與立場》。邏輯能力是第一重要的。我們可以透過不斷地拆解和練習講書，慢慢培養出來。

■第二、大局觀

大局觀就是你拿起一本書以後，首先要知道這本書的大框架。在看一本書的時候，你看的不是枝微末節。

曾有一位特別逗的書友，是深圳的一位企業家，跟我說：「我買了一本《從0到1》。我讀完以後，把我認為重要的部分都畫下來了。

然後我再聽你講。」

我說：「你為什麼要這樣做呢？」

他說：「我就想看看你講的是不是跟我看的重點一樣，看看咱倆提煉的重點是不是一回事。」一對比，他說：「我發現非常不一樣，就是所有我畫線的地方你幾乎都沒講，但是你講的那部分明顯比我畫線的地方重要。」

我說：「你畫了什麼？」

他說：「我畫的全是名言警句。」

他的做法是，比如看到「創業維艱，創業真正的順境只有三天」這句話覺得好酷，就趕緊畫下來。但這句話是什麼意思呢？這句話推動了這個邏輯的進行嗎？這句話論證了什麼事嗎？其實它只是看起來酷而已。所以，當你缺乏大局觀的時候，你所看到的就只是書裡的枝微末節。

大局觀是說，你拿到一本書後，要一步步地分析：

- 這本書要解決什麼問題？
- 它的使命到底是什麼？
- 它是怎麼論證這個使命的？
- 它提出了一個什麼樣的假設？
- 怎麼驗證這個假設？
- 推理的過程是什麼？
- 怎麼獲得這個證據？
- 最後我們能得出一個什麼樣的結論？
- 這個結論對我們每個人有什麼意義？

這就是一本書的架構。如果你在腦海裡清晰地梳理了這個架構，你讀書的時候，就會非常省力。這就是擁有了大局觀。

■第三、語言能力

語言能力可以細分出很多部分，其中最重要的有三個：第一個是簡潔，第二個是幽默，第三個是說服力。這三項能力都可以透過訓練慢慢獲得。

我有足夠的經歷證明，語言能力的確是可以訓練出來的。關於語言能力，說什麼都沒用，就是練習。

一、簡潔。簡潔有效的表達，是非常高的境界。你用一個小時說清楚一件事，這不難，難的是用三句話說清楚。因為你的簡潔是在為別人和自己節省認知成本。

簡潔代表一個人能夠準確地概括一件事情，它說明這個人對這件事情吃得足夠透。只有理解了，感受充分了，你才能很輕鬆地把它描述出來。

就像畢卡索畫畫一樣。很多人質疑畢卡索，說畢卡索的畫都那麼難看，線條歪七扭八。但是如果你把畢卡索早年的那些素描作品拿出來看，你會發現，他的功底極深。正是因為他對素描、透視這些東西已經熟到不能再熟了，所以他在晚年的時候隨便拿手一勾，人物形象便能躍然紙上。

這就是我說的簡潔。你得有深刻的理解作為底層的積澱才能做到簡潔。而且，想要簡潔地把一件事說明白，核心還是前面提到的邏輯能力。就是你知道這件事有這麼幾個點，只要把這幾個點說明白了，就不需要說太多了。

二、幽默。怎麼培養幽默感？我覺得在這方面不需要強求，幽默感因人而異，並且和聽眾的感知力也有關係。

崔永元老師原來給我施加過很大的壓力，我只要跟他在一起，就覺得別人說話都是浪費時間，只要他說就行了。因為他特別有趣，他說的話都特別好笑，給人一種他是萬眾矚目的焦點的感覺。

有一段時間我壓力很大，做節目的時候，我就刻意地開玩笑，刻意地「抖包袱」，想要像崔永元那樣，結果導致內容本身沒能很好地傳達出去。我根本沒聽對方在說什麼，老想著我怎麼開個玩笑，所以最後節目就做得不怎麼好看。

然後崔永元就說：「你不用老開玩笑，咱倆的風格可以不一樣。你好好說話就行了，有靈感了開個玩笑，沒靈感就不開玩笑，沒事兒。」我見過非常多好的講師，但大多講課毫無表情，非常嚴肅。

我聽過包政老師講課，有一次他感冒了，一邊講課一邊擤鼻涕。你能感覺到，他根本沒有覺得給大家講課有多大壓力。他就是有一條講一條，不開玩笑。

但是，往往是這種人，在偶爾開一個玩笑的時候，底下的人就笑瘋了，因為他們沒想到這位老師還能說這樣的話。所以不用刻意把自己變得特別有趣，但是每個人都需要幽默的品味，你得知道什麼是好的幽默，什麼是糟糕的幽默。比如，用傷害或者貶損他人的方法來開玩笑的，是糟糕的幽默；用自嘲和反省的方式開玩笑的，是高級的幽默。

三、說服力。語言表達怎麼更有力量，更有信服力？我有兩個有意思的方法可以教給大家。

第一個是看優秀的電影，學習裡邊那些主人公的表達方式。比如《梅爾吉勃遜之英雄本色》、《阿甘正傳》，優質電影裡的臺詞和演員表演的節奏，一定是非常考究的，而且是擁有力量的。

第二個就是閱讀好的文字作品，向這些作者學習怎麼講話。之前聽鄧曉芒教授說，他初中階段讀黑格爾的書時間長了之後，寫信都變成黑格爾的語氣了。你想，一個初中生學習黑格爾，給人寫信用的是黑格爾的語氣，這是多麼潛移默化的影響力。這些好的文字，會給人帶來深遠的影響。

■第四、同理心

你知道你講的東西在別人身上會產生什麼樣的作用嗎？或者你知道對方關心什麼嗎？有時候我講到一個點，我就能夠感知觀眾此時的心情。

比如講的內容可能帶給大家困惑，那我會多說一句：「你這會兒肯定會覺得特別奇怪。」觀眾本來真的覺得很奇怪，但聽完我說這句話後，他的心理活動得到了理解，反而就沖淡了他的困惑情緒。

同理心就是感同身受，換位思考，想人所想。同理心是人和人之間溝通時一個非常重要的面向。對同理心的培養是最費勁的。這可能跟童年生活經歷有關。我見過很多人一輩子都培養不出來同理心。他們根本感受不到對方不願意，感受不到對方有為難情緒，總是一廂情願。所以同理心的部分是需要彌補的，甚至需要進行心理輔導。

■第五、愛

為什麼愛很重要？你們有沒有發現，我講每一本書的時候都充滿了熱情？我愛我的聽眾。我覺得把這些內容講出來，萬一有一個有緣人聽到了，覺得特別好，從此他的生活可能發生改變，這是非常有成就感的。

你懷著這樣的心情去講書的時候，就不用計較講每一本書時的得失，不用計較收聽率的高低，你所看重的是每一個人。只要有一個人聽你講的書，改變了命運，你的講書就是有意義的。

所以你衡量自己的收入和損失不是來自錢、效果，而是來自愛。當你用愛來衡量它的時候，你做這件事的反脆弱性會高很多。

這就是我個人認為講書人需要具備的五種基本能力——邏輯思維能力、大局觀、語言能力、同理心，還有心中對社會、對每個人的愛。

對待講書，要有「將然」[5]的心

■每個人都可以講書，為什麼有的人講出來就是沒人願意聽

這一點和創業有點像，你總得有自己的祕密。一家公司如果沒有祕密，肯定賺不到錢。你做的事別人都能做，別人幹嘛在你這兒花錢？

比如單田芳、劉蘭芳、袁闊成這些人，他們的祕密就是特別會表演，他們能表演得精彩絕倫。所以直到今天，我們聽單田芳的評書，都覺得挺好聽的。別人難道不能講他的講稿嗎？當然可以。把他的講稿扒過來，你照著說不就好了嗎？問題是你沒有他的那種表現力。

有的人說我面無表情，我就不需要那麼使勁。比如梁文道，誰能說梁文道講書像單田芳一樣？不可能。他就是淡淡的，但是你依然覺

得很有意思，為什麼呢？他能在內容深度上「輾壓」你。他在準備內容的過程當中，延伸出來了很多的知識點，他理解文本的深刻程度比聽眾高得多。

某種程度上說，受眾是需要被「輾壓」的。「連我都『輾壓』不了，我幹嘛要聽你講？」所以，要麼你的表現力技高一籌，要麼你的內容道高一丈，要麼你的見解、思維方式別出心裁。

比如，為什麼會有新聞名嘴呢？他們是靠邏輯思維體系生存的。這個世界上有大量的人缺乏批判性思維，沒有在腦中建立一個邏輯體系來看待各種各樣的事情。

另外，你講的東西是不是有人聽？它一定是分層次的。只不過有人講的內容有更多的人願意聽，有人講的內容有更少的人願意聽。

最重要的事情是，每個人的能力是變化的。就算你一開始講得不好，慢慢地你也會變好。隨著時間的推移，你會越講越有趣，越講越有自信，知道的事也會越來越多，你的受眾自然會變得越來越多。

用一種「將然」的態度來看待每一個人的發展，很多問題就不存在了。這是梁漱溟先生常說的話。它是一種趨勢，它是一種變化。所以，不要抱怨自己講的書沒人聽，或者自己講的書讓別人覺得很糟糕，而要找到自己的市場，慢慢講，堅持講，講著講著，你會發現聽眾出現了。

我一開始以為「樊登讀書」是為了解決企業家的問題，企業家沒時間讀書，所以我們給他們講書。後來，我慢慢發現我們的受眾有很多知識分子，甚至還有院士聽我們講書。為什麼呢？一是他們永遠有一顆不斷獲取知識的心，另一個是有些知識正好是他們的盲區。

有一個書友，是北大光華管理學院的統計學教授，在統計學領域是非常厲害的。他在學校裡表現得好，後來就被提拔為系主任。當上系主任以後，他發現自己壓力非常大。因為他承擔了一些管理和領導的職責。

但這些工作，他過去沒有接觸過，很要命的一點是，越是這種專業的學者，越相信隔行如隔山——「這個領域我沒學過，我肯定不行」。另外，他還認為，他如果想學會，得上幾年MBA課程。

所以他就下定決心乾脆自己別去了解了，也別當什麼領導了。一次偶然的機會，可能是別人送給他一張「樊登讀書」的卡。他聽了聽平臺上和溝通、團隊建設有關的書，聽完以後特別興奮。他發現，管理主要是掌握幾個要點。本來覺得門檻特別高的領域，透過讀一本書或者聽一本書就進入了該領域，他覺得特別棒。

因此，我們不需要替受眾操心，他們會慢慢地出現。我希望大家能夠把分享變成一種習慣，鼓勵身邊的人。

有時候，在開講之前，我會跟我兒子在散步的時候講給他聽。我也不嫌煩，多講一遍給他聽聽，順便檢驗一下我對這本書的熟悉程度，一邊走路一邊講，這就是練習的過程。

■在講書過程中把自己變成「瑞士刀」

亞當・斯密的《國富論》前兩章都在講分工。兩百多年以來，工業體系和經濟體系依靠分工變得越來越有效率，因此才有如今很發達的經濟體和社會。

現在，知識也在不斷產生「分工」。我覺得這就是「樊登讀書」的意義。對於普通聽眾來說，這可能使你增長見識和能力。同時，對於一些專業學者來說，意義也很重大。其實，一些專業學者在某個領域非常專業，但是在別的領域可能反而比別人更需要「補課」。

我們所發揮的作用，其實就是我們在很多本書裡提到過的，叫作「把人培養成瑞士刀型的人才」。現在都流行這個說法——你必須成為一個瑞士刀型的人才。在過去，你只是一把刀，你負責「切割」這一件事就夠了；但是現在，你慢慢發現，你還得轉螺絲，還得開瓶蓋。你又要帶團隊，又要去談判，又要教育孩子……所以你必須讓自己具備武藝。

這一身武藝的特點就是你首先得有刀的那個功能，得有自己鋒利的那一面。換句話說，你得有自己的主業，同時，別的能力也不能太差。這就是瑞士刀型的特點，一點突出，其他的不弱。

我們不能幫你做到「一點突出」，因為那是你自己的專業，需要你自己長期深耕，但是我們可以幫你做到「其他的不弱」，行銷、溝通、管理、親子、投資都包含在這裡邊。

本章小結

1. 技能的習得來自刻意練習。
2. 辯論隊培養我正確的發聲方法和掌控能力。
3. 建立「幽默素材」檔案，培養幽默感方能吸引眼球。
4. 電視臺為收視負責，「樊登讀書」為價值負責。
5. 不要走捷徑，厚積薄發的「積累」至關重要。
6. 真正的讀書學習，是要走出閱讀的舒適區。
7. 講書的五種必備能力：邏輯思維、大局觀、語言能力、同理心、愛。
8. 對待自己的能力不足，要有一顆「將然」的心。

注1 泰勒斯，古希臘時期的思想家、科學家、哲學家，是學界公認的「哲學史第一人」。

注2 繁體版為《達文西傳》，華特·艾薩克森著，商周出版。

注3 繁體版為《宇宙的鐘擺》，愛德華·多尼克著，夏日出版。

注4 繁體版為《人性中的良善天使》，史蒂芬·平克著，遠流出版。

注5 指的是將要發生的事。

03

一年只選五十二本書，標準是什麼？

接下來我要講的是一個非常重要的話題——怎麼選書？什麼樣的書是值得被解讀的？

首先我想來談談對於讀書的幾個誤解，只有破除了這些誤解，我們才能擺正閱讀的心態，明確閱讀的目的，然後再談如何選書。

對於讀書的五大誤解

■一、讀書無用？——「keep learning」（持續學習）是一個必然的趨勢

這肯定是最大的誤解。讀一本書，幾個小時或幾天的閱讀就能掌握一個人幾年甚至幾十年所總結的智慧，怎麼會沒用？對任何人來說，讀書不是無用，而是非常必要。

如今，知識的更迭比過去快太多，沒有人會因為自己在大學裡念了一個特別好的主修，就能一輩子不學習。知識也在不斷地被淘汰、更新。「keep learning」是一個必然的趨勢。

透過讀書，我們可以用最便捷的方式跟更多的人對話。這樣，我們的視野就會變得更加開闊，而不是僅僅侷限在我們眼前所看到的這些人和事中。

「讀書是一輩子的事」是我篤信的，所以我才要把自己讀書的方法分享出來，寫成你手上的這本書。

■二、讀書只追求有用？——善用「鄧寧—克魯格（Dunning-Kruger Effect）效應」

這和第一個誤解似乎是對立的，但不妨礙它依然是一個誤解。

如果一個人讀書，是為了讀了以後讓書來幫自己解決實際問題，不解決問題就氣急敗壞，那他就完全誤解了書的作用。書只是催化劑，只能提供幫助，最後能不能解決問題的關鍵是你自己。如果完全功利地去依賴書，就會落入「讀書功利化」的陷阱。

知識本身是非常有用的。千萬不要以為自己讀一些詩、讀一些哲學，似乎在生活中產生不了多大作用，其實它會潛在地影響我們對事物的判斷。

名家、專家推薦書單非常流行，這種現象背後表現的是一種「鄧寧—克魯格效應」[1]。鄧寧—克魯格效應的核心就是你經常不知道自己該知道些什麼，不知道自身的不足之處。有的人只讀自己能「搆得著」的書，這樣容易只停留在自己認同的那個層面。

如果你讀到一本書的時候，突然有點吃驚，覺得書裡面講的東西從來沒聽過，不明白為什麼它這麼奇怪……這時候你反倒應該認真去對待。

■三、有的書我讀不懂？——小心你的存量技能

「讀不懂」絕對不該是一個固定的狀態，這只是某一刻的情況，要相信，慢慢地，自己能讀得懂。

我二十幾歲的時候，學人家讀《湖濱散記》，真的完全讀不下去。三十八歲那年，我又想起了它，這次一讀，收穫頗豐。這就是經典，買回來，放在書架上不會吃虧。

除了經典，遇到其他一些讀不懂的書，也不要緊。如果一本書中所寫的內容都是迎合你的需求、增加你的自我崇拜感、放大你的欲望、跪求你的認同的，你一定要小心，它不只是想賺你的錢，還想讓你變得更傻。

讀不懂也並非沒有收穫。這是鄧曉芒教授跟我說的。他年少時，用一年讀黑格爾的《小邏輯》，雖然讀不懂，但是仍然有很多收穫。又過了幾年，在讀了很多別的書以後，他才讀懂了《小邏輯》。

遇到讀不懂的書，你可以先讀一些跟這本書更接近的書。

■四、讀書是一件私事？——交流才能突破舒適圈

把讀書當作私事，這個行為太過封閉。這往往是很多人不讀書的藉口。其實，讀書是需要有朋友一起交流的。

孔子在《論語》開篇的第一句就講「學而時習之，不亦說乎」，第二句就是「有朋自遠方來，不亦樂乎」。第一句是自修，第二句是共修。

很多時候，我們可以把讀書當作一個很愉快地與人交往和交流的方式，和更多的人一起交流，大家共同進步，也有助於打破閱讀的舒適圈。

■五、自己讀的效果最好？——把書講給別人，以人為鏡

對大部分人來講，「孤獨」地讀一些有難度的書，效果是非常不好的。

很多人抱怨，看名著絲毫沒有作用，這是因為你暫時讀不懂。千萬不要覺得，自己讀的效果一定就比別人講的要好。

如果有更多的機會獲得他人的指點，獲得別人對書的內容的提煉；或者有比你水準更高的人幫助你去解讀一本書，我覺得這都是值得高興的。

我們既然能在上學的時候聽老師講課，為什麼不能聽別人介紹一本書呢？所以，你不必存有這種精神潔癖。

很多講書人是高手。當你聽了一些高人講他研究了一輩子的東西後，你會覺得豁然開朗，這是因為對方把一本書的內涵吃透了。

讀書這件事情，我們不需要執著，不需要痛苦，能讀就讀下去，

能吸收就吸收。如果暫時讀不懂，可以聽聽別人講的，再接著讀下去。

讓我們自然、活潑地學習，保持不斷進步的心態，一起把讀書變成一輩子重要的事。

選書原則

「樊登讀書」每年會選五十二本書，一週一本，大家都覺得這些書要麼和自己的生活相關，要麼能長見識，所以都願意聽。

我做了這麼多年的主持人，知道什麼節目收視率高。在中央電視臺的時候，我們有一套非常明確的體系，比如，這檔節目裡有人說英文，收視率肯定低；那檔節目裡如果有一個殘疾人士，收視率就會高。我們有一個粗略統計排序：殘疾人士＞小孩＞老人＞女性，最沒人看的是中年男人。

選書的標準和電視節目不一樣。前文說過，電視追求的是收視率，書和知識講究的是價值。那麼，什麼樣的書是有價值的？我們有沒有一套選書的標準和流程呢？

一、TIPS原則

「樊登讀書」的主編慕云五老師在歷經多年的選書工作後，總結了一套「TIPS」原則。什麼意思呢？

- T（Tools）是**工具**。「樊登讀書」講的大部分書，基本上都能提煉出工具性的內容。換句話說，這些書都會教給聽眾一套方法。另外，能夠提煉出有效的工具，也意味著這本書建立在堅實的實踐基礎之上。

- I（Ideas）是**新的理念**。圖書的作者能夠帶來一些新的理念、新的發現、新的想法。
- P（Practicability）是**實用性**。它能夠給大家的生活帶來改變，可以應用在日常生活中。
- S（Scientificity）是**科學性**。它不是憑空捏造，不是簡單歸納，它一定經歷了科學性的驗證過程。

隨著書的類型和方向的擴充，我現在會在這套標準的基礎上做進一步的細化，比如我們逐漸覺得，T可以被單獨拿出來考量。有些書不是純工具性的，我們便不再嚴格遵循T的方向去選書。比如《列奧納多・達・芬奇傳》這樣的書，或者《立場與思辨》這樣的書，就完全不是T。還包括我們講的《基因傳》[2]、《思維簡史》[3]，都沒有明顯的工具性，它們更偏重科學性，或者它們是新理念。

而我個人認為，選書最重要的兩個原則是科學性和建設性。

二、科學性是選書的第一標準

首先要了解，沒有絕對的科學。到現在為止，我們認為，愛因斯坦應該是一位科學家。愛因斯坦的理論是可證偽的。但誰能保證愛因斯坦的理論永遠是正確的呢？

很有可能是愛因斯坦的理論恰好符合我們的認知，就像牛頓當年完美地解釋了重力一樣。但是你沒辦法說牛頓的理論一定正確。歷史已經證明，牛頓的說法是一個工具性的說法，而不是一個叫作事實性的說法。

我們在看待一個事物、看到一個理論的時候，通常有兩種衡量的角度，一種叫工具性的角度，一種叫現實性的角度。

■工具性的角度

什麼叫工具性的角度？就是我知道這件事未必是這樣的，但是它可以很好地解釋現有的情況，能為我所用。

想要理解這個概念，最該讀的一本書就是《世界觀》。比如，最早是托勒密的天文體系統治了人類的思想大概一千四百年。托勒密認為，所有的行星都繞著地球轉，每顆行星還都有一個自己的周轉圓，沿著周轉圓轉。他為什麼提出周轉圓呢？因為如果沒有周轉圓，就沒辦法解釋行星逆行現象。

所以托勒密就畫了一套非常精密的帶周轉圓的體系，告訴大家說，這就是行星繞著地球轉的結構。他的學說正確嗎？現在看來，肯定是不正確的。

首先，所有的行星並不是做正圓形的運轉，也不是等速度運動，但是那個時候的人就認為一定是這樣的。為什麼？因為這個叫作哲學事實。有兩種事實：

- 一種叫觀察性事實
- 一種叫哲學事實

比如，你看到我手上拿了一本書——觀察性事實。我現在把這本書藏在我背後，你看不到這本書了，我告訴你我背後有本書——哲學事實。

你看不到我背後的書，很有可能我背後有個通道，這書已經被扔了；但是你仍然認為我背後有本書，這個就是哲學事實。

過去的人始終被侷限在幾個非常重要的哲學事實之下。比如，亞里斯多德認為，世界是完美的。什麼是完美？正圓就是完美。所以，所有行星的運行軌道一定是正圓。

什麼是完美的運行方式？等速度是完美的，所以所有行星一定是做等速度運動的。

當亞里斯多德規定了這兩件事以後，當時所有人便形成了一個共識，認為這是正確的。所以，托勒密在構建這一套哲學體系的時候，一定是遵循著正圓和等速度運動的原則來做的。

雖然托勒密的理論體系在今天看來是完全錯誤的，但我們按照托勒密的方式能夠完美地解釋行星的運動，表面看全是對的，完全沒錯，這個就叫作工具性科學。它並不是事實和真相，但它是一個實證工具。

直到伽利略發明了望遠鏡。他拿著望遠鏡往天上一看，發現宇宙根本不是亞里斯多德想的那樣，太陽「臉上」有黑子，月亮表面坑坑窪窪。

月亮不是由乙太構成的，而是由岩石構成的。木星周圍還有四個小行星繞著它轉，沒一個是繞著地球轉的。

當伽利略用望遠鏡發現了更多新的事實以後，科學界發現，托勒密的那套不管用了，哥白尼的那套也不管用了。工具性的解釋方法是不對的，它沒辦法解釋宇宙中的事實。然後，慢慢地，湧現出了像克卜勒這樣的人物，克卜勒最偉大的地方在於挑戰了正圓和等速度運動理論。

過去沒有人敢挑戰，如果你要挑戰亞里斯多德的正圓和等速度運動理論，那你得把亞里斯多德所構建的世界觀全部解釋一遍。因為亞里斯多德是完全自洽（self-consistent）[4]的，用亞里斯多德的那套解釋世界，人類就沒了煩惱。

這時候你突然說，不對，事實上，行星的運轉軌跡是橢圓的，而且並不是等速度運動。

雖然克卜勒的理論也能解釋行星運轉的所有規律，但是如何解釋這一現象與其他現象的關係呢？地球怎麼會自轉呢？你要為解釋這一件事，放棄掉整塊拼圖，這是一件非常痛苦的事。但是克卜勒認為，事實就是這樣，他把理論公布出來，牛頓他們便相信了。然後牛頓開始算每一個點的瞬間速度。要算清楚每一個點的瞬間速度，你必須得會微積分，沒有微積分就做不了這件事。然後就有了微積分。有了微積分，才慢慢有了牛頓三大運動定律，牛頓三大運動定律奠定了我們的世界觀。

■現實性的角度

現在，我們大部分人會認為，牛頓三大運動定律是事實性的，是一個現實性的理論，同時又是一種工具。牛頓自己在當年就說它是工具性的，這是非常了不起的科學態度。牛頓不僅是物理學家、數學家，我們後來所知道的化學、電子學、生物學，全建立在牛頓的觀點之上。法拉第、馬克斯威爾這些人在做電磁學實驗時，用的都是牛頓三大運動定律的公式來進行推導的，所以牛頓構建了一套新的、完全可以自洽的世界觀。

牛頓的世界觀替代了亞里斯多德的世界觀，這是一件非常了不起的事。但是牛頓非常冷靜地告訴大家，他這個只是工具性的，他並不知道為什麼會有重力。

為什麼他不知道？因為如果他說有重力的話，別人問他，一本書與地面之間這麼遠的距離，書會掉下到地面上，這個力是怎麼傳導過去的？比如，車子行進必須有推力的傳導，重力怎麼傳導呢？牛頓解釋不了。

事實證明，重力就是不存在傳導物，所以牛頓的適度保留是對的。這就是我們說的，如果你要追求科學性，這個事能說一輩子，沒有絕對的科學性。在今天看來，什麼是符合科學性的呢？可證偽的就是符合科學性的。你知道了可證偽這件事，就能夠基本地判斷一個理論符不符合科學。

■科學是開放的

科學和偽科學最根本的區別在於，偽科學其實是封閉的，科學是開放的。

為什麼這麼講？你看，崇尚偽科學的人，經常攻擊崇尚科學的人，說崇尚科學的人太保守，不開放。比如，崇尚偽科學的人說有上帝，他們認為，為什麼不能開放地想一想上帝這件事呢？萬一有上帝，也沒什麼壞處。他們認為這叫作開放。

而崇尚科學的人認為，你只要能拿出證據來，讓我感受到你的觀點的科學性，我都願意接受。這是崇尚科學的人眼中的開放——在科學史上，曾經有三個長期被科學界攻擊的偽科學現象，後來它們被證實是科學的。

第一個是隕石。

最早，人們看到有一種石頭跟地球上的不一樣，大家說是天上掉下來的，沒人信。科學界人士認為，天上怎麼可能會掉下石頭？所以在很長一段時間內，人們不接受天落隕石這件事，認為隕石是偽科學，是騙人的。事實證明，真的有隕石，於是相信科學的人承認了隕石的存在。科學代表了開放性，我發現我錯了，我就願意接受並立刻修正觀點。

第二個是催眠。

過去，人們覺得催眠是騙人的巫術。事實證明，催眠是經得起對照試驗的。催眠真的有效，真的能夠使一個人進入被催眠狀態當中。

第三個跟中國有關——針灸。

過去，西方人覺得，用在人身上扎針的方式來緩解疼痛是天方夜譚，針都是越扎越疼，怎麼可能緩解疼痛？之後，他們用西方的醫學方法做對照實驗，證明針灸是科學的。而且針灸在美國已經進入醫療保險體系。

這幾個例子說明，科學是開放的，是不斷進步的。遇到了不同的見解，只要能夠給出證據，崇尚科學的人是能夠接受這件事的。

反過來，你會發現，崇尚偽科學的人是封閉的。

比如，有一個人堅信這個世界是由某一個造物主創造出來的，然後你現在給他列舉各種各樣的證據，你說你發現了恐龍化石，發現了幾萬年前的東西，放射性元素能夠檢測到很多現象。他會說那都是造物主的安排。

造物主在那個地方放了個幾萬年前的東西，就是為了考驗你們的信心。無論怎麼解釋，你都和他說不通。表面上看起來，崇尚科學的人似乎在鑽牛角尖，實際上是崇尚科學的人更開放。

崇尚偽科學的人永遠在自證。這就涉及不可證偽性。

可證偽性其實就是一種冒險。一個科學發現越偉大，就要冒越大的風險。比如，愛因斯坦宣布廣義相對論，他認為所有的光線在經過極大質量星體的時候會發生扭曲，這是一個非常了不起的預言。這個預言冒了一個什麼風險呢？

如果愛因斯坦說的是對的，那我們肯定能看到太陽背後的星星。光過來的時候它會繞個彎，所以能看到太陽或者星星。就算愛因斯坦相信自己，但萬一後人測出來不成立怎麼辦。

那麼，愛因斯坦所說的這些話可以被證明是錯的。假如他的預言沒實現，那就要立刻推翻自己，這叫作可證偽性。

什麼叫不可證偽呢？

比如星座這件事。現在很多人相信星座。有人問我是什麼星座的。我說白羊座。他說我不像白羊座，白羊座的人很強勢、急躁，做事風風火火的，我這麼溫和，不像白羊座。

他也不知道該怎麼解釋，便說可能是我讀書比較多，所以比較溫和。就是當一個人檢測的一件事情不如他的預期的時候，他會給出各種解釋，不會承認這件事情本身可能是站不住腳的。

偽科學的特點就是只需要有人相信就行了。有人做過這樣的實驗，拿一段中性的文字描述給一些人看，這些人看完後，實驗人員問，這段文字說得像他們嗎？所有人都覺得太像了，簡直就是自己的簡介。這純粹就是一個心理學上的接受過程，並不是科學。

三、具有建設性的好書值得你讀

在機場書店的螢幕上，你可以看到很多「機場大師」講課。他會說，你只要學會放下，這個企業就能更好地發展。接下來，他們會給你講很多「放下」的案例，馬雲怎麼放下、李嘉誠怎麼放下……聽完以後，你就心潮澎湃，因為你會受到影響，覺得放下真的很重要，以前都沒想到自己可以放下這些事。

這種知識是簡單的歸納。有一本書叫《從優秀到卓越》[5]，還有一本書叫《基業長青》，作者都是詹姆．柯林斯，他追蹤了很多大企業的發展沿革，總結出來這些大公司為什麼成功，最後在書裡面一一列舉，供大家參考學習。

與之相對，塔雷伯這個人就特別認真，他追蹤了同時代的作者列舉出來的所有好公司和壞公司的發展軌跡，最後發現各家公司的表現差不多。

很多過去所謂的好公司慢慢地不行了，而壞公司慢慢地好起來了——只要時間拉得夠長。所以這類書的寫作方法是什麼呢？是典型的簡單歸納。

實際上，塔雷伯的觀點是，它們共同的、最重要的核心並不是外在的一些表現。領導人強勢與否，團隊士氣如何，有沒有開放的論壇，都不重要。塔雷伯的結論是，主要看這些公司的反脆弱性是否夠高。

這些公司是否具備足夠的反脆弱性，這才是成功的關鍵。所以，當你讀了一些有科學邏輯，包括具有批判性思維的書之後，你再判斷一本書的時候，就能看到這本書是不是能夠說服自己。

每年有那麼多的新書上市，到底該看哪些？我有時候選書也很痛苦，比如名人寫的書、海外暢銷書、長期在圖書排行榜上的書，都是評判標準。所以我認為，拋開這些外在的光環，好書的一個特別重要的標準就是科學性。

但任何時候，任何人，包括我在內，都不應該追求極致的科學性，因為這世界上沒有極致的科學性。我們應該看這本書或者這本書的作者，是不是在朝科學性的方向做努力。

現在咱們回過頭來看「樊登讀書」講過的所有書，你會發現，其中也有很多書是簡單歸納型的，但前提是，在當時的科學背景和時代特徵下，這本書歸納得不錯。

比如，《高效能人士的七個習慣》[6]這種書的典型特點是什麼呢？就是有智慧的人所歸納出來的東西，是值得學習的，這就夠了。作者不需要論證，只負責把智慧呈現出來。

再比如日野原重明的《活好》[7]。我講這本書的時候，就跟聽眾說得很清楚，這書沒有科學性，但是值得讀。因為身為百歲老人的作者不是科學家，他不需要建立一個學派，不需要建立一套理論體系，他只是把自己的生活心得拿出來跟讀者分享。讀者讀下來有感悟，有收穫，就可以了。

所以在科學性之外，我們也應該關注評判圖書的另一個重要的角度，就是這本書是不是具備建設性，就是讀完了以後，你會有什麼樣的感悟和啟發。

這也是一個很重要的標準。什麼叫建設性？聯想一下行車導航。我們開車用導航指路，這和你老婆（老公）指路的感受是完全不一樣的。老婆（老公）指路，她（他）一定是確定自己知道正確路線的——你不照她（他）的走試試？她（他）一定會生氣，告訴你說愛走不走隨便你。然後生氣了，不給你導航了，徹底罷工。所以，這種導航就缺乏建設性。

行車導航的特點是什麼呢？假如你走錯了，它會說「重新規劃路線」，讓你在「前方路口請掉頭」。假如你不掉頭，它會繼續重新規劃路線——想方設法給你找到接近正確路線的方向。

一本好書也是這樣。它一定是在試圖幫你從痛苦的、複雜的、難以解決的社會問題當中，探索出一條好的路徑，讓你能夠看到希望，看到解決的方向。

基於這樣的原因，像《經營者養成筆記》、《活好》、《高效能人士的七個習慣》這樣的書，雖然不是科學的，也不一定符合理論體系，但它是經驗、智慧，是建設性的東西。

這種書的講解方法和科學性的書的講解方法可能不一樣，但它整本書一定是說明了具有建設性的道理，這類書是值得選、值得講的。符合以下三點之一的便是具有建設性的圖書。

- 給我們的生活帶來新的意義
- 使我們產生強烈的動力
- 給我們的生活帶來改變

意義、行動和改變，如果三者有其一，我們就說這本書是具有建設性的。綜上而言，科學性和建設性是我選書的基本邏輯。

每本好書都自帶使命

我經常跟別人吹牛說我在書店裡面轉一圈，就能馬上挑出來一本好書買回家，並且我還能自動過濾山寨書。讀者就會疑惑，他們自己去逛書店，還是會買回家很多爛書。同一個主題下，可能有很多本書，他們分不清，不知道具體每本書的好壞。

我買書的時候有什麼祕訣呢？

• 第一是看出版機構

原來我們都說買書看出版社，但現在你會發現，買書也要看出版公司。因為中國出現了很多很好的出版公司，它們是跟各種出版社合作的，所以出版公司變得越來越重要。

一家好的出版機構會對自己的品牌負責，所以在出書的時候會嚴選內容，它們會先替你把一道關。全世界能夠出的書那麼多，它們一定是慎重選擇過的。

•第二是看作者背景

我現在對大量的暢銷書作家的書已經開始「自動過濾」了。尤其是美國的一些暢銷書作家，他們寫書多是一種套路——儘量簡單化，快速得出一個簡單的結論。這種書，譯者一般很快就翻譯完成了，一賣就是幾百萬冊、上千萬冊，但實際上不具備太高的價值。

我建議大家挑選一些有學術背景的書。我喜歡讀大學教授寫的書，往往這個教授一輩子沒寫幾本暢銷書，但是他這一輩子研究的精華就在這幾本書裡。比如《刻意練習》，就是典型的教授寫的書。作者做了多年的研究，寫出一篇關於刻意練習的論文，其中有很多的實驗和資料。

•第三是看推薦人

推薦人也要慎選，有的人是亂推薦。平常找我推薦書的人特別多，我有時候礙於面子也會同意推薦。後來我發現這樣是不負責任的，於是我就慢慢地變得越來越挑剔，總要跟人說「不」。這需要很大的勇氣。

比如，比爾．蓋茲推薦的書幾乎沒有一本讓我失望，他是很認真嚴肅的人。買書的時候看推薦人很重要。

• 第四是看好書中的推薦書單

我常說，書都是從書裡來的。比如，我最早知道《湖濱散記》，是因為我讀的很多書裡面都提到這本書。我很好奇，為什麼這些書裡都提到這本書？它一定是本好書，如果不是一本好書，不可能出現在別的好書當中。所以，當你在一本好書裡看到作者提到別的書，被提到的很有可能是好書。

• 第五是看書後的參考書目

我有時候看書會看書後的參考書目。參考書目裡有好玩的書，我就會找來看。這時候你會發現，其實從一本好書切入就夠了。從一本好書切入就會產生指數型的推薦，然後慢慢地，所有類型的書都會來「找你」。

你想讀下一個類型，然後在下一個類型裡再插進去一本書看，最後慢慢又會延伸出更多的閱讀可能。

所以你在讀一本好書時，不要忘了看這本書背後的參考書目。尤其是當你發現很多不同的書都參考了那本書時，這本書肯定是很有價值的書。

這就是張五常教授講的學術中的「老人與海」。一個人一輩子不需要釣特別多的魚，最重要的是釣一條大魚。「好書帶好書」是一個很有效的方法。

- 第六是看內容，主要看這本書解決什麼問題

每本好書都有一個使命。這本書解決的問題是真問題還是假問題，需要你仔細辨別。但是千人千面，很難說一本書裡的問題對所有人來說都是有效的。

所以，我們可以換個角度去看一本書討論的問題，它有沒有提供解決方案？它的論證過程是否嚴謹？

假如一本書討論的是個迫在眉睫的問題，而且提供了相當有效的解決方案；雖然未必是完美的，但論證過程是嚴謹的，或者說在努力地做到足夠嚴謹，那這本書就是有價值的，就值得看。

• 第七是看翻譯和圖書印刷品質

如果一本書的文字翻譯得很糟糕，那說明出版過程不用心；或者錯別字特別多，也會影響它的可信度；再加上印刷、裝幀設計等，這些都代表著出版人對一本書的重視程度，間接地決定了這本書的價值。

■書單自有黃金屋

我有一段時間蒐集了很多書單。《南方週末》週報有一個版面，每週列一個書單，由一位名人推薦十本書，我把那些書都買過來看了。蒐集書單的過程很愉快，而且能夠蒐集到很多很棒的書，然後你就能慢慢地找到適合自己的方向，拓寬自己閱讀的範疇。

像《清單革命》、《思辨與立場》這樣的書，就是很符合這些原則的書。比如《清單革命》一開篇就給讀者講了一個殘酷的故事。醫院裡來了一個病患，他在舞會上被人捅了一刀。醫生按照常規的做法做了處理，卻沒有解決問題。原來這位傷者參加的是化裝舞會，捅他的凶器是長軍刀，造成的傷口很深、傷害很大。按照一般刀傷處理，深度太淺，而傷者的身體內部已經受傷嚴重。

醫生的流程清單上沒有詢問傷害來源這一項，造成了疏忽，這給了他們一個很大的教訓。

當醫生沒有建立一個清單時，他救人的時候就可能會出現意外。《清單革命》中總結了兩個結論，一個叫「無知之錯」，一個叫「無能之錯」。作者在開篇就提出來說，社會上有很多錯誤是「無能之錯」——因為能力不足而導致的錯誤；還有很多是「無知之錯」——因為認知不足而犯下的錯誤，由於你完全不知道，所以這類錯誤是你必須要犯下的錯。

這裡的「無能之錯」不是因為你不會，而是你已經無法顧及了。比如，飛機失事時，由於飛機上需要操控的按鈕太多，有限的時間裡不能全部完成操作了，所以我們需要用列清單這種簡單的方法去解決問題。列各種各樣的清單，你就能在工作中不斷梳理，不斷積累，不斷進步。可以說，這種書提出了一個好的問題，並且找到了相應的解決方法。

《思辨與立場》這本書開篇就給讀者提出了一個假設——如果一個人沒有批判性思維會怎樣？這就是思維的三重境界：

- 底層的人從來不反思，永遠覺得自己是對的。
- 中間那層人雖然反思，但老覺得是別人不對。
- 頂級的那層人會反思自己，讓自己的思維不斷進步。

這本書其實提出了一個大問題，把這個問題提出來了以後，讀者會覺得人需要有反思能力，我們需要建立批判性思維。然後作者一章章地鋪陳，具體給讀者講方法論和解決方案，這就是絕對的好書，這樣的書就值得被傳播。我前面講過，有問題，能解決，並且有嚴謹的論證過程，就是一本好書。

本章小結

1. 讀書的五大誤解：讀書無用，只追求有用，只讀囊中之物，讀書孤獨論，極少輸出。
2. 選書原則：TIPS原則，科學性是第一標準，辨別具有建設性的好書。
3. 選書看什麼：出版機構、作者背景、推薦人、推薦書單、參考書目、內容至上、翻譯水準和印刷品質。

注1 鄧寧—克魯格效應（Dunning-Kruger effect）是由美國社會心理學家大衛・鄧寧（David Dunning）與賈斯汀・克魯格（Justin Kruger）提出的理論。他們認為，能力較差的人往往有認知誤差，具有虛幻的自我優越感，誤以為自己比實際上更加優秀。

注2 繁體版為《基因：人類最親密的歷史》，辛達塔・穆克吉著，時報出版。

注3 繁體版為《科學大歷史》，雷納・曼羅迪諾著，漫遊者文化。

注4 意為依自己的邏輯推演，可以證明自己並非矛盾的或錯誤的。

注5 繁體版為《從A到A⁺》，詹姆・柯林斯著，遠流文化。

注6 繁體版為《與成功有約：高效能人士的七個習慣》，史蒂芬・柯維著，天下文化。

注7 繁體版為《獻給擁抱生命的你》，日野原重明著，大好書屋。

04

如何讀懂一本書？

說到這裡，我有一個特別得意的案例。

寫作這章內容的前兩天，我和麥家老師做了一次對談。麥家老師八年沒出新書了，最近出了一本書叫《人生海海》。光聽書名會覺得很奇怪，「人生海海」是福建話，意思是人生就像大海，潮起潮落。

麥家老師以懸疑作品為人所知，所以他在寫這本新書的時候也設了很多的「暗號」，他不願意讓別人很容易就讀出書中隱藏的內容。

後來跟我聊天的時候，他發現他設下的「暗號」，我幾乎全讀到並且讀懂了。我說他講的是人生的悲憫和頑強。他說這兩個詞讓他感動，因為他就是想寫這些，他從來沒有寫得那麼明白，而我竟然讀出來了。

我還指出了他書裡最主要的一個人物，別看是個不起眼的小人物，但其實這個人物彰顯了書的主題。麥家問我讀這本書花了多久，我說四個小時。他說他預計別人讀這本書要花兩天，我四個小時就讀完了，而且還捕捉到了細節。

後來細聊，書中所有人物的名字、外號、故事情節，我都知道。他說我這是練出來的，我就很得意。讀一本小說，能夠很快地抓住小說的主旨，知道它的主題是什麼，它的人物主線是什麼，這個能力真的就是慢慢練出來的。隨著我們不斷地積累知識，讀過的書的種類不斷增加，感受過的書的行文方式越來越豐富，見得多了，就很容易抓住重點。

我剛才講的例子，更像是用非虛構作品（non-fiction）的閱讀方法閱讀虛構作品。但要承認的是，文學帶給人的感受絕不是單一的，由於每個人的生活閱歷不同，其理解和感受也是多樣的。

理解力的池子有多大，就能夠讀懂多難的書

在如今的網路時代，我們經常能在各種社群上看到這樣的文章：

〈我是如何做到一年讀三百本書的〉、〈怎樣才能做到一天讀一本書〉等。不知從什麼時候開始，讀書竟成了一種競賽。在盲目看重數量的同時，我們經常也會聽到另一種感嘆：「聽了那麼多道理，卻依然過不好這一生。」實際上，這就是我們常說的，從知識到能力會有一個界限，這是一個奇怪的分割。量變勢必會產生質變，但前提是在這個過程中，你是不斷進步的。

如果每本書的知識不能透過有效的途徑轉變為能力，再多的量也是一種沉沒的時間成本。最重要的不是讀書數量，而是真正把一本書讀懂、吃透。

大多數人在閱讀的時候，或許不認為存在什麼看不懂的詞句，但是你真的讀懂了嗎？

如何讓自己真正讀懂一本書呢？

曾國藩說過，讀書相當於攻城掠地。下面我就為你介紹一些幫你打下據點的攻略。

怎樣才能夠快速閱讀並抓住重點？最重要的是提高自己的理解能力。你的理解力的池子有多大，你就能夠讀懂多難的書。這個理解力的池子包括什麼？我認為包含七個部分。

■第一、經濟學知識

經濟學的基礎思維是當代人一定要掌握的。

你有沒有經濟學的思維方式？你有沒有系統地學過經濟學？你有沒有學過總體經濟學、個體經濟學？假如你完全沒有經濟學的思維方式，那麼當你讀的一本書裡出現經濟學原理的時候，你就會感覺自己一竅不通。

我曾經見過一個人民大學的高材生，在我們公司當實習生的時候，特別苦惱地拿著史迪格里茲（Joseph Stiglitz）的經濟學著作，說他完全看不懂。我便問他有哪裡看不懂。他說有一條曲線看不懂。後來我才知道，他不是看不懂經濟學，而是他不懂微積分。

如果你沒有學習過微積分，想要把經濟學搞明白就會遇到困難。同樣的道理，如果你沒有讀過經濟學理論，那麼當你看到別人在論述相關概念的過程中，涉及很多經濟學名詞的時候，你就會覺得理解起來很困難，每個詞你可能都要想半天，閱讀速度自然就比較慢。

經濟學和每個人息息相關。前幾年，北京的機場高速公路要停止收費，竟然有一些經濟學家站出來反對，很多老百姓不理解，便責怪經濟學家。

如果你到新加坡去，會發現當地馬路上直接就有收費的儀器。只要你想走快速道路，交夠多的錢，就可以保證讓你走一條完全不塞車的道。雖然價格非常貴，但這就是經濟學的方法。經濟學和我們每個人的生活息息相關。

我最近讀到的最好的書是《經濟學的思維方式》[1]，它徹底把經濟學的原理講明白了。而且不管是學文科的還是學理科的，基本上都可以讀得懂。這本書中沒有出現特別多的公式，都是案例和故事，敘述手法平易近人，使我對經濟學有了非常深刻的理解。

■第二、心理學知識

心理學知識是了解人類動機的不二法門。你會發現，我們現在講書的時候，大量的主題是跟心理學相關的。我們對別人講怎麼處理好夫妻關係、親子關係、社會關係，它背後都是心理學的理論和方法。

心理學是一門實驗科學，科學的心理學能夠進入生理層面，從大腦的結構入手，研究神經傳導物質，根據神經傳導物質分泌的不同，帶來行為方式的改變，然後能夠依此長期追蹤一個群體的行為。

凡是能用科學的實驗、資料、長期觀測來證明的觀點，在我看來，是具備可以參考的意義和價值的。所以，如果你有一些心理學的基礎，你在選書、講書的時候，就更容易理解它背後的原理和動機。

有一本書我覺得很有意思，叫作《改變心理學的40項研究》。要知道，心理學當中有很多偽心理學，這本書把所有在心理學研究的過程當中，真正有研究意義的那些研究羅列了出來。

閱讀心理學書籍的門檻並不高，心理學書籍往往都是大眾導向的，都希望成為暢銷書，所以只要你願意讀，一本本地讀下去就好了。

■第三、國學知識

作為中國人，我們要讀些國學知識。

在這裡，我把中國古代的經典作品統稱為國學。為什麼我認為國學很重要呢？我們是中國人，我們需要建立文化自信，我們得了解自己是怎麼來的，得了解為什麼中國文化跟西方文化不一樣。

今天看來，中國文化的確有它的優越性。我們國家這麼多年始終沒有分裂，我們是統一在一起的。而且中國人的中庸態度，使我們沒有出現像西方社會那麼多的極端事件，這都是中國的老祖宗留給我們的財富。

讀這些國學典籍，其實並不意味著我們不認可西方的東西。反過來，你會發現讀了中國的典籍之後，你更容易鑑別和理解西方的東西。

假如你腦海當中完全沒有《論語》、《道德經》，你去讀西方典籍的時候，就只能理解西方的那個層面，就只能知道《高效能人士的七個習慣》是第一個、第二個、第三個、第四個……但實際上，你沒發現那本書的背後就是《論語》，就是《論語》所講的「君子求諸己，小人求諸人」。所以我認為，大家如果不了解一些中國古代的典籍，是有點可惜的。

裡面最核心的就是《論語》、《道德經》、《莊子》、《孟子》，把孔子、老子、莊子、孟子的四本書弄明白就夠了。如果你還有興趣的話，可以讀《荀子》、《孫子兵法》、《韓非子》、《墨子》，作為前四本書的延續和擴展。

我相信很多人連前四本書都沒讀過，所以要先把這四本書硬著頭皮讀下來。一開始可以選擇那些附有白話翻譯的版本，對照著讀，而且儘量多讀些不同的版本。因為解釋不一樣，很多的說法、斷句都不同，所以我們需要把很多版本集合在一起對照來讀。

■第四、管理學知識

我認為管理學是一門發展得特別快的學科，現在還有必要看孔茲（Harold Koontz）的管理學嗎？其實未必。

管理學是處理當代人際關係的一門學科，所以它背後隱含的其實是領導力。就是假如你只有前面的那些國學、經濟學、心理學知識，你怎麼處理複雜的人際關係？

幾乎人人都會在某一時刻陷入人際關係的痛苦當中。例如不會帶團隊，不會向上管理，不會彙報工作，不會處理工作中的人際問題。

這時候，我們就需要學習一些基礎的理論，比如怎麼去塑造共同的願景、怎麼透過溝通開拓我們的溝通視野、怎麼受人尊敬和信任、怎麼給別人回饋意見、怎麼褒揚、怎麼批評；遇到別人心情不好的時候，怎麼舒緩對方的情緒。

學習管理學知識時，我覺得不需要讀特別老的書，讀最新的就好，像《非暴力溝通》、《關鍵對話》[2]、《掌控談話》[3]、《可複製的領導力》，就是很好的書。

這都是很有效的、能夠幫助我們掌控人與人之間關係的書。如果一個講書的人自己本身不具備這個能力，那他傳達出來的東西就很難具有說服力。

■第五、邏輯學知識

讀一點關於邏輯的書，在遇到問題時，你就能知道怎麼樣論證，怎麼樣進行有效論證，怎麼樣有效地提問，怎麼樣去看邏輯推理上的漏洞。

這部分內容在「講書的五種必備能力」一節（P.76）也提及了，可以回顧。

■第六、哲學知識

哲學可以使人開闊眼界，提升認知層次。

假如你作為一個知識的傳播者，每天腦子裡想到的都是日常生活的雞毛蒜皮，那你很難給別人帶來更高層次的啟發。

讀了很多哲學書以後，你才能超脫於現狀。你所關注的問題太小，是因為你沒有看到更高層次的那個問題，所以只能透過哲學來解決。我們是誰？我們從哪裡來？到哪裡去？這些是哲學的終極問題。

要了解清楚哲學的終極問題，你首先得了解清楚哲學當中有哪些重要的流派？有哪些人？柏拉圖、蘇格拉底、康德、黑格爾、維根斯坦、沙特、海德格這些人。

我講過的《哲學的指引》[4]，其實就是一本很好的入門書。它讓我們看到哲學給生活帶來的改變。你想要下功夫的話，歷史上有那麼多了不起的哲學家，你可以讀一讀他們的書。

哲學與其他學科不一樣的地方在於，大量的哲學觀點就是在哲學史當中展現的。所以有人說過，哲學就是哲學史。但是哲學也可以被當作一門技術、一種工具。例如，分析哲學時，你並不需要知道康德是怎麼說的，你也不需要知道黑格爾是怎麼說的，你只需要透過哲學分析的方法，一步步地分析問題。所以它既有技術的層面，也有理論史的層面。

關於哲學的書，我推薦《學會提問》[5]、《思辨與立場》、《生活的哲學》[6]。我不建議大家讀《小邏輯》這樣的書，因為太難了，不具備一定哲學學科基礎的人很難讀懂。

■七、人生經驗

假如你在讀一本書時，完全沒有人生經驗，你就會覺得它沒意思，因為你不知道這本書在說什麼。我為什麼讀《人生海海》？我覺得寫得好。有的作家寫書，他「需要」主人公死，他的目的是賺取讀者的眼淚，於是便完全公式化地去安排每一個人的命運。

但是在麥家老師寫的《人生海海》裡，我發現，這裡面的人怎麼都死不了，總要頑強地活下去。雖然艱苦，但沒有一個人會輕易地放棄自己的生命。人是非常頑強的，甚至最後書中的主人公瘋了，他也沒有死。

實際上，你會看到在現實生活當中，很多人發瘋是一種自我保護，人發瘋是對自己大腦的保護。如果你不保護大腦，可能就自殺了，就死掉了。他寧願讓自己瘋掉，也不願意選擇死亡。

所以，《人生海海》裡面有人「生而頑強」這個主旨。這就是人生的經驗。所以如果你「看」過這個世界，你了解這個世界上不同的人是怎樣生活的，當你看到一個人的生活當中出現了某種狀況時，你就能夠聯想到這一狀況與哪個理論有關，知道他需要哪方面的說明。

前段時間，有一部熱播電視劇叫《都挺好》。我在看這部劇的時候，就覺得這部劇的編劇深諳心理學和社會學，他用的幾乎都是我講過的書裡的那些元知識（metaknowledge）[7]。女主角蘇明玉和她媽媽是非常典型的關係，在《母愛的羈絆》[8]裡就有充分的說明。她媽媽小時候是被這樣對待的，所以長大以後就把自己受到的待遇，完全投射到女兒身上。

還有一本書叫《這不是你的錯》[9]，裡面提到了原生家庭的「和解」。我們看到《都挺好》的結局就是和解，它一定是回歸到對父母的感謝上。這種處理方式很高級，只有與自己和解，與家庭和解，才能找到解決問題的鑰匙。

所以，如果你發現你讀過的書跟現實生活能夠產生這麼準確的對應，那你就會覺得讀書很有價值。

人生經驗在讀書的時候是很有效的一個幫助。比如看《世界觀》這樣的書，我就能夠看到整個人類是怎麼樣一步步地從蒙昧走到今天，每一個環節都是嚴絲合縫的，在裡面不斷地向前推動。

人生的閱歷怎麼擴展呢？我的辦法就是儘量擴展我的生活界限，慢慢地就會意識到自己的侷限在哪兒。人首先得意識到自己的侷限在哪兒，才能突破這個侷限。意識不到的時候，你沒辦法突破。只有生活閱歷夠多，才更有可能發掘出突破的機會，才能讓你突然意識到，在某件事上自己怎麼這麼幼稚，你對於某件事的觀點竟然是完全錯誤的，所以被別人批判。

這種經歷彌足珍貴。再配合上對知識的學習，最終達到知識和經驗相結合的境界。人類自古以來的學習不就是知識、經驗、感受？感受是你內在產生的反應，但是知識和經驗是從外部學來的。我前面講的那些都是知識，這部分是經驗，所以這是很重要的一個組成部分。

關於以上這些基本素養，你不需要像學者一樣鑽研得很深，但是最起碼得知道一些學科的研究方法。作為一個讀書人，你想要很輕鬆地讀懂每一本書，就需要涉獵很多方面，最起碼在別人講到某個話題時，你不會感到陌生。這時候你就有積累，有判斷了，不會看到任何一本書都覺得好得不得了。

見過世面，閱讀足夠廣泛，這時候你才能夠淡定地對待每一本書，去發現每一本書真實的價值和優點。這就是我說的理解力的池子。當然，我還漏了法學。有人說，法學也很重要，我自己沒特別花精力去看法學書，今後我也會加強這方面的閱讀。本書如果能再版，我會更新這部分的內容。

知識的自我反芻

要想把一本書讀懂，還要養成讀完以後做總結的習慣。這個可能得益於我過去讀的很多書都是為了講課賺錢。我讀完一本書，必須寫個PPT，然後拿出去講課，所以養成了這個習慣。

「樊登讀書」最早的營利模式不是講書賣錄音，而是賣PPT。把讀過的書總結成一個PPT，這個方法非常重要。

後來我在講《認知天性》的時候，就講到知識的輸出。為什麼我覺得《認知天性》這本書讓人豁然開朗？因為書中的觀點是顛覆性的。它指出，最有效的學習方法不是一邊讀一邊記筆記，也不是一邊讀一邊畫線。

這和我的學習習慣不謀而合。我讀的書都很乾淨，沒有什麼線條痕跡。我是講書之前才在書上畫些標記，讀的時候就認真讀，全心全意地感受它。

讀完之後放下，給自己一段時間間隔。時間間隔大概為一週。一週時間也差不多忘了快一半。這時候一邊回憶一邊畫心智圖，或者寫PPT。隨著回憶的過程，再去打開那本書，然後去翻摘要，就比邊讀邊畫線更有效。因為人的大腦經過了間隔，經過了回憶的挑戰，對內容的記憶力就會更強。

曾經有好多人問我，為什麼我讀了書能記住？比如，現在拿來一張某本書對應的心智圖，我只要一看這圖，就能講出這本書的主要內容。因為它在我腦子裡是有印象的。為什麼讀完書能記住？是因為我曾經挑戰過自己，讓自己做了一些令大腦不愉快的事。

拿筆在本子上畫線是很愉快的事。因為你可能會覺得只要畫過了，就已經記住了這段文字。這個過程很愉快，你的感受是愉快的，但你的大腦沒記住。因為這個過程沒有挑戰性。你必須把它放下，隔一段時間，挑戰自己，回憶內容，這時候才可能記得住。然後做更進一步的挑戰——把書講給別人聽。

把自己當作傳授者也很重要。你見到人就可以跟別人講，哪怕沒有講臺，只有一個聽眾，也要跟他講。比如：「你知道牛頓的生平嗎？我跟你說說牛頓的故事吧。」然後張口就說，這樣你的記憶才會不斷地加深。

想要更快、更準確地讀懂一本書，首先要建立一個理解力的池子，其次是要讀一些比較難攻克的書，最後是養成讀書做總結的習慣。這是我的讀書方法。

本章小結

1. 讀書要建立的底層積累：經濟學知識、心理學知識、國學知識、管理學知識、邏輯學知識、哲學知識、人生經驗。

2. 知識的自我反芻。

- 閱讀時儘量少畫重點。
- 讀完後給自己一段時間間隔。
- 挑戰大腦，回憶全書，構思心智圖。
- 把自己當作傳播者，加深理解。

注1 繁體版為《超簡單經濟學》，湯瑪斯．索威爾著，商周出版。

注2 繁體版為《開口就說對話：如何在利害攸關、意見相左或情緒失控的關鍵時刻話險為夷》，凱瑞．派特森，喬瑟夫．葛瑞尼，朗恩．麥米倫，艾爾．史威茨勒著，美商麥格羅．希爾。

注3 繁體版為《FBI談判協商術：首席談判專家教你在日常生活裡如何活用他的絕招》，克里斯．佛斯，塔爾．拉茲著，大塊文化。

注4 繁體版為《別因渴望你沒有的，糟蹋了你已經擁有的：跟斯多噶哲學家對話，學習面對生命處境的智慧》，馬西莫．皮戈里奇著，商周出版。

注5 繁體版為《看穿假象、理智發聲，從問對問題開始：【全球長銷40年】美國大學邏輯思辨聖經》，尼爾．布朗，史都華．基里著，商業周刊。

注6 繁體版為《活哲學：12位大師的「生命復甦術」》，朱爾斯．伊凡斯著，眾生出版。

注7 元知識（metaknowledge），寬泛地說是「與知識有關的知識」，是知識的更高層次，是知識背後更全面性、更深刻、更客觀的基本運作概念。

注8 繁體版為《媽媽的公主病：活在母親陰影中的女兒，如何走出自我？》，凱莉爾．麥克布萊德博士著，橡樹林出版。

注9 繁體版為《問題不是從你開始的：以核心語言方法探索並療癒家族創傷對於身心健康的影響》，馬克．渥林著，商周出版。

05

把書讀薄：如何解構一本書？

前面說過，每本書都有自己的使命，而讀書的過程就是人為地弄清楚一本書解決了什麼問題，抓住一本書的脈絡和重點。不用擔心，再複雜的書都有一個結構。但首先我想談談閱讀需要規避的事。

閱讀前需要摒棄的壞習慣

■字不認識，停下來？

我母親是一位小學老師，她在讀書的時候，發現有一個字不認識，就會去查字典。查半天，然後標上拼音，還寫三遍。但是等她再往下讀的時候，就發現那本書讀起來沒意思了。

閱讀間隔會打破你閱讀的樂趣和快感。古人有一句話講「好讀書，不求甚解」。這話其實有點道理。先把這本書大略看看，如果你完全不懂，完全不知道在說什麼，那你就放下，這本書的知識暫時還不歸你，跟你沒緣分。

如果大概能理解，你就先往下看。看完以後體會一下，你可能會恍然大悟——原來是這麼回事啊。這時候，假如裡面有些字不確切，不明白，你看完以後再去查一下是可以的，但是在一開始讀的時候，不要受到小障礙的影響。

■一邊看書，一邊玩手機？

有讀者可能會問，有這樣讀書的人嗎？

有，而且大有人在。你說他在讀書，實際上他是這邊讀著書，那邊拿著手機看，看一會兒讀兩句，再看。

這是一定要避免的習慣。

點開手機看的那種感覺跟抽菸是一樣的——上癮。例如，你在網路上發了一則文，一看有十五則留言，你一定會打開看。打開看過後，又多兩個，再打開看。心理學家研究過，這種快感對應的腦部活躍區域，跟抽菸甚至吸毒的大腦區域是一模一樣的。

我也不是聖人，我也喜歡滑手機。所以讀一本書的時候，我必須刻意把手機扔到一邊去。在家時，我多半會把手機放在樓下，我自己躲到樓上，想要拿手機，還需要下兩層樓，這就是人為限制。所以，飛機和高鐵上是非常好的閱讀場所，因為手機的網路會受限制。

帶著目的閱讀 vs. 自由閱讀

讀書有兩種方法，一種方法是帶著目的去看。

例如，我不知道該怎麼教育孩子了，這時候我就趕緊去把所有與教育孩子有關的書買來看一遍。再例如我前文提到的，有一所大學請我為學員講壓力管理的課，我從沒講過這個課，沒辦法，我就找了三本有關壓力管理的書，回家讀了一遍便給他們講。之後，這成了我的品牌課程。

這就叫作帶著目的去看書。帶著目的看書的時候，你就需要了解一本書的框架和脈絡。你得知道問題是什麼，研究現狀是什麼，怎麼解決問題，這裡邊最有價值的部分是什麼，最有力的案例是什麼，怎麼論證的，最後對對方有什麼好處。這是你自己有要學習的內容時的讀書方法。

還有一種讀書的方法，其實是更令人享受的，就是沒有目的性的閱讀。

沒有目的的閱讀不代表沒有價值。就像我讀《有限與無限的遊戲》那本書的時候，光看書名，我完全不知道這書是講什麼的。所以，我也不知道讀這本書應該有什麼樣的目的。那麼最好的方法就是沉浸在裡邊好好讀，認真體會，看看這本書有沒有衝擊到你的心靈，看看你讀完後是不是覺得很棒。這種感受會比帶著目的讀書更開心，因為它是更高級的一種探尋。

帶著目的讀書，往往讀的是你舒適圈周邊的東西。自由閱讀則是突然跳到一個未知黑暗區域，你會慢慢探索這個未知黑暗區域；當你發現了一點亮光，它開始亮起來的時候，你又跳到更大的區域，又亮起來一點。

最後，這些亮光集中在一起，全亮了，整個大腦變成了解放區。這種感覺特別令人愉快。當你能夠找到不同的書之間的聯結時，兩種方法就殊途同歸了。

現在的互聯網學習方式有一個弊端——得不到意外的驚喜。一個學生跑回家問他爸爸：「你知道我今天學到了什麼嗎？」他爸問：「學到什麼？」「我知道世界上最大的肉食恐龍是什麼龍，是棘龍。」然後他爸爸問：「第二大的是什麼呢？」「第二大的不知道。」「為什麼不知道？」「老師沒叫我們查。」

老師要求查世界上最大的肉食恐龍是什麼恐龍時，他只要在谷歌或者百度上一搜，就能搜到棘龍。

過去沒有互聯網的時候，人們是怎麼學習的呢？我們得去找一本關於恐龍的書，然後把書拿過來翻。我們會發現，第一大的恐龍是這個，第二大的恐龍是那個，就全知道了。

所以我們在閱讀的時候，一開始不要有直奔答案的想法，先積累再精簡。目的性太強，就減少了大量的腦力摩擦所帶來的意外驚喜。

開宗明義：這本書解決了什麼問題？

我們在閱讀時，首先要搞清楚問題是什麼。比如，大家說《論語》沒結構，前後內容都不連續，既沒有一條時間線，也不是按照孔子的人生經歷來寫的，同時也沒有一個進階，全篇都是學生跟老師的對話。

但是如果你根據自己的理解為《論語》加上一條主脈絡，它就很清晰。《論語》要解決的問題是一個人怎麼安身立命。

這時候你再去看《論語》，就知道書中的那些對話都有意義，你就能夠知道把哪段對話放在什麼地方。有的是家庭關係，有的是朋友關係，有的是和君王的關係，有的是和自己內心的關係。

所以任何一本書都會有一條主線。你在讀一本書的時候，首先應該弄明白一件事：**讀完了，問自己，這本書要解決什麼問題**。比如《他人的力量》這本書解決了什麼問題？人際關係的問題。書中提到，第四層人際關係是這本書的解決方案。

書裡給出的解決方案是，你需要打造第四層人際關係，即我們要想辦法借助他人的力量。這個問題的主題就出來了——既然有這個目的和意義，那麼怎麼找到他人的力量？他人的力量分哪幾類？怎麼好好利用這種力量？

但像《反脆弱》這類書就比較難找到脈絡，有的人可能一看到書名就昏頭了。實際上，這本書解決的問題是如何從不確定性中獲益。這句話又是什麼意思呢，還有很多人不懂。

什麼叫從不確定性中獲益？不確定性就是「黑天鵝事件」，黑天鵝事件是一定會發生的。有了這個前提以後，你就要知道，既然你人生當中的黑天鵝事件一定會發生，你就得隨時想到如何把它變成好事，這就是在不確定性當中受益的能力，這個能力就叫作反脆弱，這是人生智慧。

不同的書的主題會出現在不同的位置。有些書是在我們讀完之後，從整體出發才能發現它的主題。小說一般都是這樣。我們很少看到那種剛讀第一句，就知道它的目的是什麼的小說。

假如麥家老師在寫《人生海海》第一句時，就說這本書是關於人生的悲憫和頑強的，就不高級。假如曹雪芹在《紅樓夢》開頭，就說每個人都有年輕時候的煩惱，讓我們來看看賈寶玉這個人的煩惱，就沒勁。

作者要你慢慢地往裡面挖掘，挖掘到最後，你甚至懷疑這本書到底在說什麼，這種困惑一直糾纏著你，到最後一刻，你恍然大悟，原來這本書在講人生。

但工具類的書不一樣，工具類的書一定要儘快讓讀者知道書的主旨，否則沒人願意花時間在這本書上。這類書的閱讀目的不是消遣，不是娛樂，讀者是要解決問題的。所以針對這類書，我們首先要在書中找到定義這個問題的句子。

我過去參加辯論賽的時候，辯論賽的一辯就是負責定義的。比如我們有一場主題叫「高薪能夠養廉」，反方辯題是「高薪不能養廉」。一辯上來先定義，什麼叫「高薪」，什麼叫「廉」，什麼叫「養」，什麼叫「能夠」，全都要定義一遍。這裡的任何一個概念定義不對，就辯不出交集來。

書也是一樣，所有的論證過程一定是先從定義出發的。對主題的定義一般放在第一章、第二章，一本書前面的部分大多是用來下定義的。比如《幸福的方法》[1]一書，作者首先定義了不同的人會有不同的幸福觀，一共有四類：現在幸福未來也幸福，現在不幸福未來也不幸福，現在幸福未來不幸福，現在不幸福未來幸福。

定義了一個主題或概念以後，才能夠開始探討解決方案。所以，再複雜的書，也應該首先看它是怎麼定義問題的。

熟悉書的寫作背景

其次，要看一本書的寫作背景（有的書沒有）。

上大學寫論文，很多人花費筆墨最多的地方就是「研究現狀」，儘管大部分不愛動腦筋的學生才會大篇幅地堆砌背景知識，但這部分內容其實是很有價值的。

關於書中的主題，相關領域的人曾經做過哪些討論，哪些機構曾經做過研究，他們的結論是什麼，有些書一定會這樣寫。有些書是沒有背景敘述的，直接就跳到了解決方案上。比如《掌控談話》，是一位ＦＢＩ（美國聯邦調查局）談判專家寫的，沒有遵從標準的學術化的邏輯。這本書一上來就拋出了最有用的內容。

一本書的背景知識，能夠幫助讀者開闊眼界，讓人們了解一個理論的前瞻研究狀態是什麼，從而間接地認識到這本書的價值。

最有價值的部分：書中提供了哪些解決方案？

再次，就是一本書最有價值的部分：有哪些解決方案；或者這個故事是怎麼發生的，變化的過程是什麼。為什麼我說「或者」呢？比如《蘇東坡傳》[2]、《列奧納多．達．芬奇傳》這樣的書，書中敘述的就是過程，並沒有解決方案。這些書並不是要解決一個問題，而是想告訴讀者書中的主人公一生有哪幾個重要階段，全文運用的都是講故事的寫作手法。

工具類的書在這個部分就是尋找解決方案。比如《思辨與立場》一書，講完了主題的重要性以後，就開始講怎麼才能夠獲得思辨性、批判性思維，進而指出我們需要有思維的公平性、思維的勇敢性等，最後給讀者羅列出很多解決方案。

在這些解決方案的論證過程當中，需要用到大量的論據。什麼是論據？例如統計數字、對比實驗、長期追蹤的調查結果、大量的案例。這些都是書中很有價值的內容。

畫龍點睛，一句話總結價值升華

書的最後一部分，一般來講，會進行價值升華。什麼叫價值昇華？就是這本書的意義所在。這本書講這件事的意義到底是什麼？我們最後能夠達成一個什麼樣的效果？作者希望大家讀完這本書之後有什麼樣的感受？

我們原來參加辯論賽的時候，一辯負責定義，二辯負責講邏輯背景，三辯負責講事實和例子。到四辯的時候，開始總結陳詞。為什麼一般四辯容易得「最佳辯士」？就是因為四辯講的全是意義，全是在抬高層次。

辯論這件事，絕不是為了誰贏誰輸這點得失，我們是為了深入分析問題的各個層面，以求找到解決問題的方向。

書也是一樣。前面是定義的問題，然後解釋清楚背景，中間一大塊是解決方案的討論過程，到最後一定是價值昇華。

比如，你知道了「怕死」是人生當中最重要的心理驅動力以後，對你的人生有什麼意義？你接下去會幹些什麼？你知道了親密關係是基於你自己並不完整這一事實，婚姻不是一個人的事，於是你需要把自己的內心建設得更完整，這樣一來，對你的婚姻會有什麼好處？如果更多的人知道這件事，對全社會的婚姻狀況會有什麼樣的影響？

我們在讀一本書的時候，首先要學會從書裡提煉出問題，也就是書的使命，同時將它的價值進行昇華。比如《論語》可以概括成很多種類的主題，有人用來論證家庭關係，有人用來論證職場關係，有人用來治理國家，還有人用來論證心理學問題。

半部《論語》治天下，就在於它的主題是寬泛的，是普遍性的。這就是我們說的價值昇華。

牛頓在《自然哲學的數學原理》[3]中寫了幾個公式，你發現它在所有的地方都用得上，整個自然界最底層的規律被他總結出來了。這就是說，你先找到問題，然後去看它的現狀，再去看作者解決問題的方法，最後看全書論證的過程。這樣，結構就清晰了。

我們再看看《西遊記》的結構。《西遊記》的主題是什麼？取經。克服種種困難，勇敢向前走。我們可以說書的主題是克服困難嗎？那就變成為了克服困難而克服困難，這樣對不對呢？其實《西遊記》的主題是普度眾生。《西遊記》開頭是大鬧天宮，要注意，大鬧天宮不是這本書的主題，大鬧天宮是為交代人物性格。就跟好萊塢三幕劇一樣，第一幕出來一定是一個跟情節沒什麼關係的故事，展示的是這個人的能力和性格。

所以《西遊記》第一幕大鬧天宮是為展示孫悟空的能力，告訴大家這個人是齊天大聖。然後真正出現問題的是唐僧。唐僧發現有大乘佛法，認為自己只會小乘佛法是不行的，他現在需要去把大乘佛法取回來，這是他要解決的問題。他要去完成自己人生的使命，就是把經取回來，普度眾生，這是他的核心。

把主題理順了以後，接下來是什麼呢？就是九九八十一難，也就是我前面講的過程，故事一個比一個精彩。

取經回來之後再埋一個伏筆，把經書掉到河裡面，再開心一下。最後每個人各安其位，鬥戰勝佛、淨壇使者一個個都要諸神歸位。所以《西遊記》這麼複雜的一部作品，它其實也是有主題的，也有論證的過程，這樣思考就容易讀懂。

我最近講了一本書叫《有限與無限的遊戲》。乍看這本書，真的沒有主題，因為它每一句話都是獨立的，前後都不連續。但實際上它的主題很明確，一開始就告訴你這個世界上兩種東西——有限遊戲和無限遊戲。

首先定義什麼是有限遊戲，所有玩遊戲的人都渴望遊戲結束。遊戲結束，獲得獎勵，獲得頭銜，實現永生。無限遊戲呢，遊戲不結束，玩家的任務是讓遊戲不停地玩下去，這就是定義的區別。

玩有限遊戲的人，玩的是遊戲；玩無限遊戲的人，玩的是邊界。

蘇東坡玩的就是無限遊戲。跟蘇東坡不和的章惇，玩的就是有限遊戲。因為章惇的目的是整「死」你，他要當宰相，最後他就當了宰相。但是蘇東坡是不管自己在哪兒，都要活得快樂，活得精緻，所以變成了一個無限遊戲。

直到今天，你會發現，蘇東坡的思想一直活著。這就是有限遊戲和無限遊戲的區別。

我後來終於看明白，《有限與無限的遊戲》全書就是以社會生活的各種層面來論證有限和無限。大到政治層面、法律層面、藝術層面，小到個人生活層面、家庭層面，書中展示了各個層面上的有限遊戲和無限遊戲的表現方式的不同。作者到最後寫了一句特別狠的話，說「世上有且只有一種無限遊戲」，令人回味無窮。

圖書畫線有學問：什麼才是精華？

前文說過，我和一位朋友都解讀《從0到1》，他發現自己畫的重點跟我畫的重點完全不一樣，他老愛畫那種名言警句，而在我看來這些都不是重點。

那麼，什麼才是一本書真正有價值、值得記錄的內容呢？這是一個很關鍵的問題，我總結了八條個人的評判標準。

■第一、當你感覺概念被清晰界定的時候，一定要記下來

比如《反脆弱》這本書。我在講反脆弱的時候，舉了幾個例子：把玻璃杯扔在地上會摔碎；把鐵球扔在地上不會摔碎，但是它也沒什麼好處；把乒乓球扔在地上會彈起來。這三種分別代表什麼？玻璃杯摔碎，是在不確定的事發生的時候受損；鐵球不變，是在不確定的事

發生的時候不變，這個叫堅固。

但它們都不是反脆弱。什麼是反脆弱呢？就是在不確定的事發生的時候反而更好，這才叫反脆弱。

這就是界定概念。當你在一本書裡面讀到這樣的內容，把一個主題界定清楚的時候，一定要記住它的手法和這個概念本身。

■第二、當你感覺問題很嚴重的時候，要記住它

為什麼這部分是有價值的？如果你在讀書的時候都沒有覺得問題很嚴重，那又怎麼說服別人讀呢？每本書裡強調問題很嚴重的部分，往往是作者的著力點，它會讓你覺得這本書太值得看了。

比如《增長黑客》[4]。《增長黑客》裡有什麼地方讓你感覺到問題很嚴重？是低成本地實現爆發式增長。我把書中 Airbnb（愛彼迎）的例子告訴聽課的企業家，企業家就覺得問題很嚴重，人家怎麼那麼

快，人家怎麼能夠一個月增長六至七倍，而我們一年連百分之二十都增長不了。

《清單革命》一上來就告訴你，開飛機手忙腳亂的時候，沒有清單就很容易釀成大禍，造成生命和財產的巨大損失。

《掌控談話》一開始就描述了一個生死攸關的溝通場景——人質被劫持。這時候你會發現，如果溝通水準不行，會有人死。所以溝通是一件非常重要的事情。

在這個場景下，你更能體會到溝通的重要性。這部分內容是你要記錄的，因為這部分很有價值。如果你把這部分內容遺漏了，大家會覺得你講的可有可無。

再比如《蘇東坡傳》有什麼問題很嚴重的部分？這是一本人物傳記，說實話，它本身沒什麼急迫性、重要性。但是我在講這本書的時候，會強調蘇東坡對我們每個人的影響。如果你不讀這本書，你的文學水準就屬於比較低的層次。

比如，沒有人不知道「日啖荔枝三百顆，不辭長作嶺南人」，如果你不知道，那就去讀《蘇東坡傳》吧。

在我讀過的書裡，我特別欣賞阿圖．葛文德，他寫的書就和沒受過學術訓練的人寫的書有天壤之別。他是醫生，又是暢銷書作家，還是白宮的醫改顧問。他寫的書幾乎是標準化的，前兩章一定讓你覺得他說的事太重要了。比如《最好的告別》[5]，開頭說每個人人生的最後那一關是怎麼過的，大部分的人都是因為摔了一跤，然後離開人世的……等等。你立刻就會將此跟自己的生活聯想在一起，覺得自己遲早都有這一天。所以當你覺得問題很嚴重時，你就馬上想要進入內容裡去。

中國大概有兩千萬阿茲海默症患者。在北上廣深[6]的人可能沒有這樣的感覺，北上廣深基本上是年輕人的世界，老年人畢竟少。我回西安過年時探訪親戚，發現幾乎每家都有一個阿茲海默症患者。我拜訪一圈親戚下來，心情特別糟糕，我們家的長輩，一個個全老了。

我便聯想到曾經講的《穀物大腦》[7]一書。書裡的一個觀點是，麵食吃得太多，就容易導致阿茲海默症。我是陝西人，我們家那邊每家每戶都有阿茲海默症患者。這就是《穀物大腦》裡提到的健康問題的嚴重性。

所以你在看這本書的時候，裡面一定有這方面的論述。一定要留意這本書提出的嚴重後果，把它記下來。

■第三、當你感覺某種解釋令你很意外的時候

有一本書叫《這書能讓你戒煙》[8]。我不抽菸，所以我對這本書無感，覺得這書可講可不講。後來一位朋友推薦給我，他抽菸時間很長，居然用這本書裡的方法成功戒了菸。

他引用的書裡的一句話把我打動了，我決定講這本書。他說，戒菸最重要的是不要動用毅力，如果你動用毅力，那你肯定戒不了菸。

這跟我的認知完全相反。我過去認為，戒菸不就是靠毅力嗎？不是。這本書強調說，戒菸是輕鬆的、愉快的。如果你動用了毅力去戒菸，那就證明你潛意識當中認為抽菸是一件好事，所以你只是抑制住自己不要抽。

等一、兩個月之後，你覺得自己堅持了這麼久，就要獎勵自己一根菸——這就又一次吸菸了。

只需要二十多天，人就可以擺脫尼古丁的控制。但是一旦你再吸，習慣又恢復了，而且更頑固。這就是你戒菸總是失敗的原因，因為很多人都是使勁忍著。

我看到這兒就很好奇，戒菸不靠毅力靠什麼呢？他說，靠的是認知。你必須徹底認識到抽菸有多糟糕，清楚地知道抽菸對肺的傷害，對心血管的傷害，對大腦的傷害，對周圍人的傷害……等等。

知道了以後，你就會把它視作一雙磨腳的鞋子，你受得了每天穿一雙磨腳的鞋子嗎？絕對受不了。所以你會像脫掉一雙磨腳的鞋子一樣戒菸，讓自己一下子暢快。

這時候你看到別人抽菸，你可以湊過去，看著他——過去，戒菸的人一看到別人抽菸就受不了。現在你可以滿懷悲憫地看著他，覺得他真不容易，還在抽菸。

當你把這個邏輯理順了以後，會覺得書中的內容很有道理。我把這本書講完後，果不其然，大量的人來電、來信，說他們透過這本書戒掉了二、三十年的菸癮。

當一本書裡出現了讓你意外的東西，這是最令人興奮的，而且彌足珍貴，一定會給你帶來新的啟發。

■第四、當你看出遞進關係的時候，這部分很重要，值得記錄

好多人看書不敏感。為什麼大家不知道書的重點在哪裡，或者不知道層次是什麼？因為你根本沒有注重遞進關係。

一般來說，一本書會先解釋大範圍的問題，接下來探究一個細節，再接下來會深入研究和剖析它背後的含義。

上面這句話裡有很多表示遞進關係的詞彙。如果你仔細分析，就能看到內容的層層遞進，越挖越深，這就是遞進的結構。

當你能夠在一本書中讀到這種遞進的結構，讀到它在不斷往裡面延伸的這種感覺的時候，每一個遞進的點都需要記下來，否則的話就容易錯過要點。一環扣一環，你少了一環就連不上了。

關於這一點，我感觸比較深的是《世界觀》一書，《世界觀》這本書真的是層層遞進的。

作者從亞里斯多德開始鋪陳，會首先和讀者說世界觀絕對不是一、兩句話就能說清的，世界觀是一個完整的拼圖。亞里斯多德要解釋這個世界，他所肩負的責任很重大。亞里斯多德提出的理論要融入我們的日常生活，形成完整的拼圖。為什麼我們會接受這個觀點，卻反對那個觀點？這裡的答案叫「融洽」。「融洽」一方面是個人的融洽，另一方面是集體主義的融洽。

《世界觀》那本書裡寫道，很多人有時候接受一個東西並不是因為它是科學的，而是因為它可以跟我們以往的認知聯結起來，形成整體。它跟我以往的認知不矛盾，所以我接受它。這就是自我的融洽。還有人接受一些觀點是因為這個觀點跟社會上大家的認知是一致的。這就是集體的融洽。

但是，這兩種方式都很容易導致偏見。《世界觀》一開始論述了亞里斯多德是怎麼構造整個人類的世界觀，論述完這件事後就開始敘述人類如何走向科學。從托勒密到哥白尼，從哥白尼到第谷，從克卜勒到伽利略，然後伽利略啟發牛頓，之後從牛頓到愛因斯坦，再到量子力學，全書的內容層層遞進。隨著科學的發展，越來越精彩，越來越深入。

所以，如果你在講這本書的時候，不想講第谷，很遺憾，這是不可能的。因為若不是第谷提供了全套的觀測結果，克卜勒就無法提出他的第一定律、第二定律。克卜勒沒有第一定律、第二定律，牛頓就不可能去算橢圓形上面的運動週期。它一定是一步步遞進的。

所以當你在一本書裡讀到遞進關係的時候，這裡的內容一定是這本書的精華。

■第五、當你看出轉折關係的時候，要留意轉折後的內容

以《蘇東坡傳》為例。

《蘇東坡傳》中典型的反轉有這麼幾個。蘇東坡一開始順風順水，一路走過來非常榮耀。然後第一個轉折出現了——烏臺詩案。如果沒有烏臺詩案，蘇東坡可能會一輩子輕狂下去，會一直不知天高地厚地諷刺、挖苦別人。

烏臺詩案的發生給了他一次人生教訓，這才有蘇東坡在黃岡的那段生活。他後來從黃岡回到京城當官又是一次轉折。

蘇東坡的人生當中有幾次這樣的轉折，由順境到逆境，再到順境。所以我們從書中看一個人的人生經歷的時候，這種轉捩點一定是精彩所在。人們在轉捩點上必定經歷了很多的痛苦，糾結反思後，人生才會昇華。

如果我們在書中讀到了轉捩點，或者讀到了觀點上的反轉，這部分一定要詳細讀一讀，要分析情節是怎麼發生轉折的，這是很重要的內容摘要。

■第六、不同面向彰顯書籍內在價值

有的書的結構是遞進關係；有的書的結構是提出一個主題，然後用不同面向去印證和展示這個主題。比如《清單革命》和《心流》兩本書。

《清單革命》提出了清單這個概念以後，就開始分別論證在不同行業裡怎麼使用清單。

《心流》也是。第一章描述了心流的定義，接下來就是在生活的各個方向和層面上列舉心流的應用，比如在體育運動、藝術創作、商業開創、生活方式等層面上如何應用。

展開具體寫應用性的時候，讀者往往能在裡面捕捉到有價值、有意義的應用，這些內容是需要記錄下來的。

■第七、當閱讀的時候感受到心靈衝擊

這一條就見仁見智，沒有太多標準和邏輯性了。有可能是讀這句話的時候，你感覺很痛苦，內心震動了一下。

比如我讀《活好》一書時，書的內容是作者跟一個百歲老人的對話，沒有實驗也沒有資料，但是書中讓我心靈產生衝擊的地方很多。

當你看到讓你怦然心動的內容，被震撼、深受啟發的時候，這樣的內容就值得保留下來。如果把論證和邏輯比喻成一本書的「骨架」，那這些產生觸動的內容就是書的「肌肉」。「肌肉」就指精彩的文字、精彩的故事。

■第八、書中的奇聞逸事，增添講書的趣味性

發現特別有趣的小故事時，你也可以留心記錄下來。不為別的，就為了好玩。

例如《蘇東坡傳》中提及，有段時間，蘇東坡生活得很拮据，他就每個月在房梁上掛三十串錢，每天出門就取下一串用作當天的開銷。這個故事沒有太大的人生意義，也沒有遞進關係，就是一件發生在蘇東坡身上的小趣事。

我們在講書的時候，可以有意識地蒐集一些小故事，把這些有趣的故事留下來，講書的時候就不會太枯燥。

以上是我歸納的讀書要點，雖然不一定科學，但我認為這八種內容素材，是每個人在讀書的時候，腦子裡要提醒自己注意的。每看一段，就要想想這裡面有哪幾類是值得保留的東西。這時候你會發現，書裡可講的東西變得越來越多，留下來的精華，也是一本書最有價值的部分。

其實所謂的「講書」，就是取捨的過程。作者寫書時一定覺得自己寫得都對，他的東西都很重要，於是出版人把它全保留下來。但在講書的過程中，我覺得這裡面未必都重要，比如內容有重複，有不太精彩的內容，就要把它刪掉。我們要給別人留下精彩的部分，讓大家覺得這本書是經過「科學瘦身」的。

本章小結

1. 閱讀前需要摒棄的壞習慣：閱讀切忌間斷，藏好你的手機。
2. 放下目的心，增加閱讀過程中大腦的摩擦。
3. 如何解構一本書：這本書提出了什麼問題？寫作背景是什麼？書中提供了哪些解決方案？一句話總結升華。
4. 讀書筆記有學問，八類文字提升閱讀品質。

注1 繁體版為《更快樂：哈佛最受歡迎的一堂課》，塔爾・班夏哈著，天下雜誌。

注2 繁體版為《林語堂作品精選4：蘇東坡傳【經典新版】》，林語堂著，風雲時代。

注3 繁體版為《自然哲學之數學原理（復刻精裝版）》牛頓著，史蒂芬・霍金編，大塊文化。

注4 繁體版為《成長駭客攻略：數位行銷教父教你打造高速成長團隊》，西恩・艾利斯，摩根・布朗著，天下文化。

注5 繁體版為《凝視死亡：一位外科醫師對衰老與死亡的思索》，葛文德著，天下文化。

注6 指的是北京、上海、廣州、深圳等大型都市。

注7 繁體版為《無麩質飲食，讓你不生病！：揭開小麥、碳水化合物、糖傷腦又傷身的驚人真相》，大衛・博瑪特，克莉絲汀・羅伯格著，天下文化。

注8 繁體版為《1000萬人都說有效的輕鬆戒菸法》，亞倫・卡爾著，高寶。

06

內容的再創作，如何組織一個講稿？

接下來我們看如何組織一個講稿。

講書前要了解的兩個大原則

■以書為據，別離題

獵豹網的創始人傅盛是一個很挑剔的讀書人。有一次，他跟我說，他在「樊登讀書」和別的平臺間做了很久的取捨。他的辦法就是在「樊登讀書」上選一些他讀過的書，然後聽我講得如何。

他認為，講書人講的確實是這本書的原貌，他才會聽。他也聽過很多其他平臺的講書，講的根本就不是書裡的東西。

那天我見到著名投資人王剛，他是投資「滴滴出行」叫車系統的傳奇投資人。他告訴我說，我的講書改變了他的學習習慣，讓他的學習效率提高了很多倍。但他說他不喜歡王陽明，因為他曾經在其他平臺聽過一位老師講王陽明，他聽完了覺得王陽明沒有傳說中的那麼厲害。我建議他再聽聽「樊登讀書」上講的王陽明。他聽完說，王陽明還真了不起。

我提到這些事件並不是為了吹噓自己講得多好，或者「樊登讀書」比其他平臺更優秀。而是想說明，同樣的內容，不同的人，不同的視角，會產生不一樣的講書效果。

我堅持的一個原則是講任何書都不能挾帶「私貨」，也就是不能延伸特別多自己的東西，因為這樣你就背叛了這本書，耽誤了聽眾和讀者。

既然選中了一本書，首先你就要尊重它，要以它為核心內容，要遵循圖書的結構。我在講書的過程中，除了在開頭和結尾的部分加入一些技巧性的串語，剩下的核心內容一定是依據圖書的脈絡而來的。

■講書是再創作，而不是單純摘要

創作和摘要是兩回事。把所有要點畫下來，然後從頭到尾念一遍，這叫摘要。

「樊登讀書」的主編慕云五老師說過一個概念，他說「樊登讀書」是「化學講書」，而其他很多人講書是「物理講書」。這裡面的區別是什麼？物理講書就是把內容片段摘下來，拼在一起，這種解讀圖書的方法意義不大。化學講書就是重新創作。

我們之所以需要講書，需要聽書，就是因為看原文的時候，有的讀者讀不懂；或者有些文字過於書面化，讀起來很累；或者原文是外文翻譯過來的，略顯生澀。我把講書比喻成「中文翻譯成中文」，把原文讀不懂的中文轉換成簡單好理解的中文。

切記，講書的過程一定不是念原稿，也不是刪節版原稿。講書是再創作的過程，是用自己的語言使它通俗化，以便於大家理解的過程，所以你可以加入很多創作的東西在裡面。

讀到這裡，很多讀者會說，那這個跟上一條矛盾了。前面說我們要尊重書，怎麼現在又說要創作呢？實際上，不矛盾。前面說的尊重，是指準確地理解這本書的意思，並不是說不能加一些生活案例，加一些聯想的內容。比如你舉的案例和書中的主題無關，你表達的觀點就跟作者想要表達的完全不一樣，這就代表你沒讀懂。

我講過一本書叫《複雜》，出版社的人都覺得這書講不了，沒人能把這書講明白，因為太複雜了。但我從那本書裡讀到了非常重要的東西，我覺得我們這個社會現在最大的問題，就是缺少複雜性科學思維。我覺得沒什麼難的，於是就把那本書講完了。出版社的人聽完，說，我講的就是原文的意思，而且比原文清楚多了，最重要的是能聽懂。我想，這是講書的價值，也是我們這些講書人講書的意義所在。

講書和當老師有異曲同工之妙。

我上學時，有一位數學老師，教我們幾何代數。第一節課，這老師一進教室就拿著圓規畫了一個圓，然後開始畫切線，一直不說話，就只畫圖。然後等他把整個黑板全部畫完了以後，下課了。

我們全部呆住了，完全看不懂。後來這位老師被學校解聘了，好像他這輩子也沒能再成為中學老師。為什麼呢？他沒有對教學知識進行「再創作」。他就覺得，這還用講嗎？這麼簡單，一看圖就明白了。

我發現，越是優秀的老師，越有同理心。他能感受到別人的知識盲點，破除「知識的詛咒」。他能預判別人可能聽不懂某些知識點，用一種降低維度的方法講給別人聽，使其明白。

我有一次在山東演講，遇到一件很感動的事。有一位八十歲的老奶奶，從德州一大早趕高鐵跑到淄博參加我的線下活動。我問老太太為什麼這麼大年紀還跑來聽演講，她說她不識字，但是她媳婦給她辦了一張卡，讓她聽我講書。她說，她以前不會帶孫子，老跟家裡的人為這事吵架。後來聽了我講的很多關於家庭關係的書，現在特別會帶孫子，而且也會溝通了，她現在和孫子、媳婦的關係都相處得特別好。

以上是關於講書前必須要了解的兩個原則。聽起來有點矛盾，實際上不矛盾。首先要尊重原文，但同時一定要創作，要把它變得更加容易被別人理解和接受。

原文和再創作的比例及尺度

那麼，如何確定哪些話可以創作，哪些話一定要用原文呢？我的標準是嘗試一下有沒有更好的表達方式。

■原文寫得好，把它念出來就好了

如果這一原文不容許出錯，要保持科學性，或者一段原文寫得很美很有詩意，就可以嚴格按照原文來念，但要控制比例。如果通篇引用原文，大家就不用聽你講，去看書摘就好了。雖然我還沒有摸索出一個固定的比例，但照念的情況最好不要超過原文的百分之十。

我一般會選書裡精彩的總結性語句做結尾。因為每本書的作者在寫結尾的時候都下足了功夫，大多都寫得很精彩，很有詩意，所以我會把結尾拿出來做我們整本書的解讀總結。

■利用故事把一個道理講清楚

如果你有更好的表達方式，能更平實地把一個道理講清楚，那你就講故事。換句話說，就是再創作。

但要切記，這種創作一定不能加入個人化的判斷性的解釋，因為你的判斷不是作者的判斷。用「樊登讀書」會員的話說，你「注水」太多了。講書的時候，儘量不要做評論，不要加太多自己的觀點。這樣講書才更有依據。

有一次，我看聽眾的評論時，一位聽眾說：「樊登老師，您那個地方講得不對。」我就跟他們講，原文確實是這麼寫的；假設錯了，那可能是作者寫的時候出了點偏差。

再創作的過程中，個人的觀點和論證方式，或者聯想、舉例等延伸的內容，最終的目的都不是證明自己正確，而是為了證明書中的觀點。只要把這個原則記住，就不容易「注水」。

■切忌改變書中的觀點

規避了「注水」，還有一個我最擔心的問題——改變書中的觀點。明明書裡不是這觀點，解讀的時候人為地換成自己的觀點。如果想發表這樣的見解，也不是不可以，但一定要明確說清楚這是你的觀點，跟書沒關係。或者說你基於這本書，進行了一些個人思考，供大家參考。

這個補充性的說明是非常重要的。在論證的方式上，我們可以做一些變化，但萬萬不能改變書裡的觀點。書裡的那些案例，如果你覺得很好，那就留下來。如果你覺得生活中能夠找到更貼切的，也可以換個案例。比如工具類的書，我在講書當中一般都會加上自己的案例，這樣大家更容易聽明白。但最終落腳的論證不能偏。

■遵循原書邏輯，有目的性地側重

前面說過，一般書的寫作是遵循一定邏輯的。但我們講書的時候，一開始為了吸引聽眾，可能從第五章的某個小節就切入了。那接下來有的人會問，講書是按照吸引力高低的順序，還是按照章節的順序進行呢？

我的建議是，在整個論述的過程當中，最好按照章節順序進行。

講書最重要的步驟是「構建坡道」

我看完每本書之後，都會繪製一幅心智圖，繪製心智圖最難的是第一筆。這第一筆也是最有意思的，我把它叫作「坡道」，這個坡道完全是根據自己對書的理解建立的。構建坡道的時候，你可以用書裡的內容，可以用自己的經驗，也可以用自己的故事。

一開始要建立坡道很難，因為這個坡道往往決定了整本書的解讀方向，也會影響講書的思路。下面我就分享一些建立坡道的原則和方法。

■建坡道的時候，你可以用書中最打動人的一個點入手

構建坡道最主要的目的，是讓聽眾從一開始就重視這本書，讓聽眾覺得這本書有意義。

以《掌控談話》為例，我的坡道寫的是「有些談話，你不得不掌控」。例如書裡的談判專家，經常要處理人質事件，他幾乎每次都能把贖金從三十萬元談到五千美元，成功率超過百分之九十。延伸一下，我們就會發現，生活中充滿談判行為的場景，雖然嚴峻程度不同，但每個人都可以學習《掌控談話》裡的方法。

接下來，我會講這本書裡最打動我的一個點。比如《掌控談話》這本書為什麼打動我呢？我們過去學的所有談判類的書，都是強調讓對方點頭，希望對方說「好」。但是這本書的作者做了多年ＦＢＩ談判專家，總結出來的經驗是，你一定要想辦法讓對方說「不」。這時候，對方會有掌控感，會覺得這次談話他並沒有讓步，反而說了好多次「不」。這時候你就要趁機往前推進，推進的結果是一步步地解決這個問題。

作者的這個思路讓我腦洞大開，這也呼應了我前面寫的，如果書裡的內容讓你覺得意外，耳目一新，那這些內容就值得記錄下來。

■一上來就抓住別人的注意力

很多人在開場的時候，喜歡先客氣客氣。我曾經也有過類似的經歷，但我發現，只要講書的人有一點點客氣，都會影響效果。比如我講《國史講話：春秋》那本書的時候，開場第一句，我說：「今天我硬著頭皮講這本書……」

這就是「廢話」。首先，你是不是硬著頭皮，跟聽眾沒關係。其次，聽眾會說，既然硬著頭皮，那你乾脆別講了。

我們會覺得自己必須客氣一下，謙虛一點，但聽眾感受到的是你沒有自信。你對自己講的內容都不確定，那我們為什麼要聽你講呢？

所以一開始要直擊主題，把最有價值的內容放在最前面講。什麼是最有價值的內容？比如最棒的故事、最棒的案例、最具顛覆性的新知，還包括生活場景的代入。

比如《增長黑客》。我第一句話就講它的意義：這本書解決的是如何低成本實現爆發式增長。然後開始舉例說明，用了書裡面 Airbnb 的故事。

Airbnb 創業者在初期發現，網站的瀏覽人數很多，但是訂房的人卻很少。他們發現大量的人在打開頁面以後，一看到房間的照片就退出了。

原來，房間主人只是用手機隨手拍了些照片，而這些照片並不能真實展現出房間的舒適度和空間情況。但實際上，房間的真實體驗遠遠優於網站上面的描述。

隨後，他們僱了一支專業的攝影團隊，親自上門把紐約範圍內所有房東的客房進行了高水準的拍攝包裝。經過專業拍攝宣傳的房間，截至當月月底統計的預訂量足足比上月翻了二至三倍，公司的利潤也直接翻倍。

講完這個精彩的故事，加上各種資料和事實的鋪陳，我最後告訴大家說，不要擔心，我們從這些案例裡可以總結出一套方法論，就是《增長黑客》的核心工具。這樣就吸引著聽眾聽下去，同時邏輯是非常順的。

把最珍貴、最核心的部分放在最前面講，這才是正確的做法。有人會說我要藏著這個重點，最後再把重點說出來。千萬別這樣，你這樣做其實是高估了聽眾的耐心。聽眾一定是先重視，才能聽得進去，越聽進去才會越重視。

■從哪裡找到坡道？

有些坡道直接從書裡來。比如《清單革命》，一上來就是幾個驚心動魄的故事，直接用這個當坡道就可以了。

有些坡道是以生活場景代入的。比如《即興演講》開篇時，我就問大家，你有沒有遇到過一個說話語無倫次且沒有重點的人？如果你不希望自己成為那樣的人，那麼你要不要讀一下《即興演講》。

有些坡道是出其不意的。比如《這書能讓你戒煙》。我先不講內容，而是說為什麼今天要講這本書，因為這本書給我最大的震撼就是戒菸竟然不需要用毅力。我相信你們對這個也會很好奇，那麼接下來就一起看看為什麼不用毅力就可以戒菸。

有的坡道比較難找，就需要製造一些亮點。比如《活好》是一本作者與百歲老人的談話錄，非常具有挑戰性。它沒有工具，也不是哲學書，更不是什麼理論書。怎麼建立坡道去引起別人的重視呢？

我當時就想到了一個問題——在你的生活中，你有沒有機會和一位百歲老人交談？如果你在人生當中有機會和一位百歲老人交談，他跟你暢談他的人生經歷，你願不願意聽？

這句話講完，大家就會覺得這有點意思，因為大多數人確實沒有跟百歲老人聊過天。接著我會講一位大家耳熟能詳的人——葉曼女士[1]。講我和她談話後得到的感悟。大家都知道葉曼女士，就會願意繼續聽下去。接著再過渡到《活好》這本書，就很自然了。

所以這就是我說的構建坡道的過程。每次我繪製心智圖的第一筆時，我就覺得講書開始了。總之，開篇就要抓人。開篇的這一分鐘，一定要讓別人覺得他得把這書聽完。

■選取重要章節，陳述整體結構

建立完坡道之後，就需要總結關於這個問題的背景資訊，比如學術討論的現狀，科學進展的階段。拿比較典型的《增長黑客》舉例。這本書的寫作方式是，先告訴讀者要打破「傳統的筒倉[2]」。雖然一上來說「打破」，但實際上是在介紹大多數企業的現狀。現狀就是，有大量的公司是層層呈報工作，等到你呈報到總裁那兒，已經錯失了機會。

接下來作者說，我們需要做的是從組織架構上打破筒倉。所以在正文開始以後的背景一般是研究現狀、具體的方法。比如，好產品是成長的根本，要做快節奏的試驗，確定成長的槓桿。然後接下來就具體落實到不同方面：獲得顧客、讓顧客活躍起來、留住顧客、讓顧客為公司貢獻收入[3]。到結尾是昇華，提出全書核心概念：與鯊魚為伍——不斷更新。

這本書的總體結構就出來了，很清晰。

《掌控談話》也是。開篇坡道是「有些談話，你不得不掌控」，之後就要介紹關於談話的基本特徵和模型。接著，作者提出了一個假設，即在所有的談話當中，人都是非理性的，所以談話的關鍵是知道怎麼轉化問題。比如你跟我要錢，我不是不給你錢，你得告訴我為什麼我要給你錢。然後給對方營造掌控感，令對方懈怠，然後用你的心對付他的腦子，這是這本書的基本背景。

把坡道講完了以後，接著論述背景，再接下來進入正文。所有的書到了正文部分，應該都不困難了。對待正文，很重要的原則是對每一個部分都要給予充分的論證。充分的論證是指什麼？就是我們說的實驗資料、案例、故事。

當然，在這個過程要有所取捨，把有價值的素材放在前面，對同類的內容做歸納和合併。比如講《心流》的時候，它裡面提到了心流在很多方面的展現和應用。涉及的方面很多，如果事無鉅細地講，最後大家聽的全是重複的。我們就要把很多同類的內容合併起來，形成一條主線，做取捨。

所有的正文部分都是重點。重點部分講完以後，就到了結尾部分。在結尾處，我喜歡前後呼應。我最喜歡的案例是《列奧納多．達．芬奇傳》。在開篇的時候我提到了啄木鳥的舌頭，留了一個懸念，直到結尾的部分才揭開謎底，說啄木鳥的舌頭是旋轉著插進鼻孔的。

這跟《列奧納多．達．芬奇傳》有什麼關係？沒關係。跟聽眾有什麼關係？也沒關係。但這正是「純粹求知的樂趣」，恰好呼應了這本書的主題，最後能夠昇華這本書的內涵。

如果光看了《列奧納多．達．芬奇傳》，最後沒有人告訴你純粹求知的樂趣，說明沒有人最後把這個主題提煉出來。在結尾部分，首先，我希望能夠有感召力，讓人聽完這本書以後，有點那種躍躍欲試、想要去做點事的感覺。然後，結尾要能夠發揮總結的作用，最好還能有點詩意。因為前面都是用理性的方法在不斷地論證，不斷地解釋，最後我們用一、兩句詩做一個結尾，給人一種詩意的浪漫感覺。

這就是組織整個講稿的過程。

要不要寫講稿或書摘？

前面說過，我在講書的時候只需要一張心智圖，建立坡道，然後一步步地延展下去，最後收尾。很多人在演講（包括講課）的時候，喜歡寫稿子，但我建議大家鍛鍊自己不要去寫稿子。

觀眾也好，聽眾也罷，你叫他們拍一部電影，誰也拍不出來，但是他們看電影的時候就特別聰明，一看就知道這是不是一部好電影。同理，聽眾也是非常聰明的，只要聽出來你在背稿子，他立刻就失去了興致。

所以我們不要被稿子限制住，儘量把心智圖的架構繪製出來。在繪製心智圖的過程當中，你會發現，每個分支上寫的字並不多，但是每一個字都能夠提醒你一大段的內容。比如寫一個「一九九三年銀行劫案」。在準備的過程中，你就要把案件整體回顧一遍。每一個提示都是有效的，心智圖上的字才會盡可能地少。

也有比較複雜的心智圖，比如我繪製的《蘇東坡傳》的心智圖，字就特別多。因為這本書都是故事，邏輯性不強，如果不熟悉，就得記住夠多的內容。

還有一種情況是，在講書的時候需要引用大量的原文。這時候你不用都寫在心智圖上，只要備註出來引用段落在原書第幾頁，然後在書中標記出來，講到的時候翻書去念，觀眾是完全能夠接受的。

最後說一說繪製心智圖的工具。我是純手工繪製的，就是用一張紙、一枝筆。當然，現在有很多繪製心智圖的軟體，我也嘗試過用軟體，但最終還是回歸紙筆，因為我覺得用手繪製能記得更牢。打字的那種感覺，沒有經過紙筆的處理，就容易遺忘。

本章小結

1. 任何知識傳播都不能離題，以「一手」知識為指導原則。
2. 優秀的老師都要二次創作，而不是單純摘要。
3. 知識輸出的時候，照搬原文的表達不要超過百分之十。
4. 能用故事說清楚，就不要枯燥地講道理。
5. 解讀一本書，重中之重是構建你的認知坡道。
6. 構建坡道的三個關鍵步驟。

注1　作者原文寫作「葉曼先生」，此處「先生」乃敬稱德高望重、學有專精的長輩，與性別無關。葉曼（一九一四～二〇一七）本名劉世綸，原籍中國湖南，隨外交官夫婿駐外多年，致力於推廣國學及研究佛學。

注2　一種圓柱形的倉庫，農業及工業上均有使用，常用於存放穀類、飼料或原物料等等。

注3　「獲得顧客……為公司貢獻收入」這段文字引用自該書繁體中文版。

07

開口講書，還需要做這些準備

每次到了講書的現場，我都會坐在桌前，把繪製出來的心智圖再看一遍。為什麼我不在家看呢？其實這來自小時候考試前養成的習慣，都是「發考卷」前再複習一遍要點，這樣很有效。

複習心智圖，重新熟悉內容

我坐在那裡看心智圖的時候，心情是特別平靜的，不會去管周圍的人在幹什麼。看心智圖也講究方式、方法，我的經驗是從最有價值的核心點開始複習，向外圍蔓延。

我前面講過，每本書都有一個使命。那麼你手上這本書的使命到底是什麼呢？它是怎麼解決問題的呢？——這就是向外蔓延的過程。所以你要始終抓住最核心的價值點，抓住這本書最打動你的地方。

既然決定要講一本書，一定是你喜歡這本書，它一定有一個點打動你。那麼，仔細地、有針對性地想一想：一本書的某個點打動了你，那麼它是怎麼論證這一點的？一共有幾個角度？一共有幾個遞進關係？一共有幾個例子？講了什麼故事？援引了什麼數字？做了什麼實驗……

在講書前整理一遍思路，你會發現整本書就浮現在腦子裡了。你複習心智圖的過程，其實就是幫助你由內而外梳理內容的過程，這是講書前整理思路的一個過程。

調整心態，講書不為取悅聽眾

講書要調整好心態，不要取悅聽眾，要有平常心。我一般都抱著「送禮物」的心態。雖然耽誤聽眾很多時間，還有人專程從外地坐飛機來聽我講書，但是我覺得講書是為了送聽眾一份禮物。

你會發現，在生活當中，如果你特別想取悅某些人，反而得不到他們的心。人和人之間都有一種奇妙的緣分。你最應該做的事是淡定，踏踏實實地懷著熱情，把這本書裡最有價值的內容送給對方，你們之間的緣分自然就建立起來了。

有上千萬用戶在聽「樊登讀書」，我們沒有刻意地取悅過任何人，我們沒有說一定要講到使聽眾心花怒放。我認為不需要有這種預設。一本書只要值得講，知識本身就足夠支撐起來了。只要聽眾聽到這個，就會喜歡。

一個人私心雜念過多，他做事情的狀態一定不正常。我現在重看自己早年的講課視頻，就發現那時候講課跟現在的狀態不一樣。我現在講課基本上不需要暖場，也不需要刻意讓大家高興，不需要刻意讓大家都喜歡自己。

但那時候不一樣，我是個年輕老師，誰也不認識我。講臺底下坐的都是陌生的面孔，甚至是有些冷漠、歷經滄桑的面孔。這時候我就特別希望他們能夠放鬆，能夠喜歡我，所以我就會花很大的力氣，想辦法取悅他們。

我現在看到過去的自己都覺得不舒服，怪怪的。但我知道，從取悅聽眾到收放自如，這中間是一個非常不容易的過程。一個人從心虛走到淡定，回歸到平淡，其實是很難的一件事。

後來我有幸與一些真正的大師對話，就發現他們都是平靜且堅定的。一次，我跟曾梵志聊天（曾梵志是很有名的畫家，一幅畫恨不得賣一億元），就感覺到他渾身都散發著淡定的氣場。雖然他也聽我講書，也很喜歡這種學習方式，但他與別人的對話方式中絲毫沒有要取悅別人的意思，我們的溝通就非常平等。

我也和世界正念大師卡巴金聊過天。他時刻都處在一種「正念」的狀態中跟你聊天，這種狀態是需要用一輩子去慢慢修練的。一個人的心態和氣質需要慢慢培養，不用著急。

在講書之前，你只要想清楚第一個環節就好。想好第一句話，就能順著坡道講好第一個段落。萬事起頭難，只要開始，就會很自然地往下進行。即便緊張，忘記了下面的內容，也沒關係，這時你可以看一下心智圖，實在不行，就查一下書，這都很正常。

只要調整好心態，很多小問題都會迎刃而解。

聰明地和聽眾互動

關於臺風，我的理解是，這不光是要消除緊張的問題，還要看能否迅速轉換角色，能否處理突發事件，能否接受聽眾的回饋。這和講書人的素質密切相關，尤其是最後一條——愛。

為什麼愛很重要呢？站在臺上特別緊張的人，往往是因為缺乏愛。小時候內心缺乏愛，所以他才會過度希望從別人那裡得到肯定，得到愛。從親密關係的角度切入，就能很清楚地理解這件事。如果內心缺乏愛，在臺上就會把大家無意的發呆、接電話的行為，都視作是一種對自己的冒犯。一句話，你們都不愛我。

想要深層次地解決上臺緊張的問題，就要從心理的角度進行自我調適。有一些簡單的方法可以借鑑，例如先嘗試在台下找一些面熟的人，或找那些願意跟你互動的人互動。因為台下總會有一些願意積極互動、願意主動為你鼓掌的人。我們可以先從他們身上去吸取一些能量，慢慢獲得自信。

很多人說，我得練得特別熟練，臺風特別穩，才能開口講書。但問題是，只有你開始講，才能不斷地進步。在臺上的練才是真的「實踐」，在臺下的練叫「模擬」。所以，勇敢地邁出這一步就已經成功了一半。

有些演講培訓宣導大家去刻意地建立心理優勢，我是不太贊同的。比如，有的教練告訴學員，上臺的時候就把底下的聽眾看作大白菜，然後你就會特別放鬆。我覺得這種方式很好笑，而且不高級。

你的價值不取決於別人對你的評判，你的價值取決於你自己——這是最重要的心態。李中瑩有一次上課，開場的第一句是：「我從來都不比任何人差。」第二句緊接著是：「我也不比任何人強，我們大家是平等的。」這兩句話一講完，大家都覺得這個老師很有深度，很厲害。

至於你講得好不好，那是另外一回事。任何人都值得被別人尊重，都可以站在講臺上。當然，咱們儘量不要浪費別人的時間，要講自己認為最有價值的內容。

對方認知水準比你高，你該如何講書？

你覺得是新知的東西，怎麼能確定它對於聽眾來說也是新知呢？這種懷疑會使得演講者心裡忐忑不安。

我一開始講課的時候，底下坐的全是企業的強人。我對經營企業的人講怎麼經營企業，這壓力有多大？講的過程中，我發現，這些企業家知道的事情也會有侷限性。雖然他們經營企業非常成功，但是他們聽我講科學原理，講知識點，仍然很有收穫。

你可能會覺得對方的認知水準比你高，比你厲害，你講的內容對他們來說都不新鮮了。其實不需要擔心，因為每個人都有知識盲點，所以你講的內容是能夠彌補他們的某些不足的。

另外，我還發現一件非常有意思的事情，真正聽過很多課的人，在聽課的時候，他反而會找到新的靈感和收穫。越愛學習的人，越不會說他全部都掌握了，他們一定是虛懷若谷的。

漸漸地，實踐的次數多了以後，我們對內容會建立起敏感性，會大概知道使用者對哪一些內容比較關心，會有什麼樣的反應。你逐漸會站在聽眾的角度思考問題，預判效果，這就是同理心。

如何提高語言組織能力？

有的讀者會說，我教的方法他都學會了，他知道如何解讀一本書，也能畫出心智圖，但是他講的書為什麼別人就不愛聽呢？聽眾聽著容易恍神，或者連他自己都覺得沒信心，這怎麼辦呢？我只能跟大家說說我自己是怎麼做的。

我的訓練方法是，首先要看很多優秀的電影，從那些電影裡面去學習人物講話的節奏。好的電影裡的人物的表現力是很強的。比如《梅爾吉勃遜之英雄本色》，我們在辯論賽的時候天天看電影，《英雄本色》可能是我看過次數最多的電影。

一九九七年，我念大學四年級，在西安人民廣播電臺做了一檔節目，叫《電影30分》，每天花三十分鐘的時間講一部英文電影。那時候我每天自己一個人到攝影棚，把英文的電影錄音抓下來，然後翻譯成中文，放一段英文講一段中文。

這個過程當中，我就能夠從這些很有表現力的電影人物身上，學到很多演講的節奏、演講的方法。還有什麼是高級，什麼是低級；什麼是不傷害人的幽默，什麼是諷刺人的挖苦。

所以，要學習好的電影、好的相聲、好的演講，然後進行科學的練習，不斷充實自我。誰都不是天生就會講課的，我也一樣。我今天用的語言模式，所謂的套路或各種哏，都是在刻意練習中積攢的。只有積攢得足夠多，人才能產生創造力，形成自己的風格。

不斷地拓展認知的邊界

讀書，要學會不斷地拓展認知的邊界。我有句口號，叫「先學再有興趣」。為什麼要先學再有興趣？我見過特別多的朋友，他們會說我喜歡什麼方面的內容，才去讀什麼樣的書。

當你侷限於讀一種書，並且一直這麼讀下去的時候，有時候會錯過更多的好東西。因為你沒心思，所以從來都不會去看。但有可能你嘗試了，就會激發起新的興趣。

例如到今年（二〇一九年）以前，我幾乎沒有讀過科學史的書，可以說一竅不通也不感興趣。但是當我硬著頭皮把《世界觀》讀完以後，興趣大增，覺得這種書太有意思了。每個人都一樣，我也不例外，但如果沒興趣就不去做，那我們可能一輩子都不會獲得新的知識。

先學再有興趣，你的心才可能撕開一個「知識的缺口」。當你打開知識的缺口時，你才能夠發現新的知識。

我最近講了一本書叫《能力陷阱》，這本書告訴我們，我們很多人特別容易陷入自己的專長。因為擅長做這件事，所以使勁做這件事；越使勁做這件事，就越擅長做這件事。到最後，你會發現你已經陷在自己的人生侷限裡了。尤其是管理者，總喜歡替員工解決問題，到最後成了全公司解決問題的能手，但是公司最需要的戰略方向你卻沒有確定。所以不要陷入能力陷阱當中。

你需要拓展自己的認知邊界，經常去讀一些自己不想讀或者不常讀的書。就像別人向我推薦《有限與無限的遊戲》的時候，一開始我不知道怎麼讀，因為它沒有邏輯，沒有論證。但是讀進去之後就覺得它很好，它是完全不一樣的寫作方式。所以我希望大家能夠拓展自己的認知邊界，慢慢把自己變得更豐富，這樣才能不斷解讀各種類型的書，並且把知識傳播給更多的人。

本章小結

1. 複習心智圖，拯救人類記憶曲線。
2. 去除私心，溝通的掌控能力從調整心態開始。
3. 善用「知識的詛咒」，對比你厲害的人講課。
4. 語言能力靠積累電影、演講和相聲。
5. 小心存量技能，不斷豐富自己的書單。

08

學會繪製心智圖，掌握知識輸出方法

在前面的章節裡，有一個詞出現頻率很高，那就是「心智圖」。對很多人來說，讀完一本書都很困難，更何況是看完之後把一本書講出來。我不僅要講出來，還要把每本書都講得很清晰，而且保持這樣品質穩定地輸出四年多，我是怎麼做到這一點的呢？

答案是掌握一套心智圖構建方法，我認為這是一種高效的「知識輸出法」。我每看完一本書之後都會用心智圖將其進行梳理，這種方法在知識吸收上很有優勢，一是看起來非常清晰明瞭，二是動筆寫過的內容更容易在大腦中獲得長期記憶。

當然，每個人的思維不一樣，繪製的心智圖也就會有差異。各位讀者可以參考我的方法，逐漸掌握一套屬於自己的閱讀輸出方法。

「樊登讀書」心智圖繪製法

我繪製心智圖通常有以下幾個特點：

一、準備工具

A4紙一張、黑色水性筆一枝。

二、繪製技法

1. A4 紙橫放
2. 主題寫在正中間
3. 用線連接
4. 純文字型心智圖

5.通常寫七至十個主分支（如果有比較瑣碎的知識點，可以單獨在紙邊記錄）。

三、在做該書心智圖時主要有兩種思路

1.根據書本的章節結構進行劃分

2.根據自己讀完之後所理解的內容進行重新解構（這個方式更難，更考驗一個解讀人的水準）。

四、我構建心智圖的語言有兩個特點

1.用自己的語言描述

心智圖裡面很多的話語並不是全部照搬書籍裡面的內容，而是我自己的理解。

2.有自己的解讀邏輯

作者寫書有自己的一套邏輯，按照部分、章節進行排列。但是我可以根據自己對於書籍的理解，進行重新解構。

以上四點是我繪製心智圖時的特點和習慣，這是我經過實踐，總結出針對圖書閱讀非常有效的方法。

我們可以比對一下讀書心智圖和心智圖發明人東尼·博贊的經典心智圖有什麼異同。

一、相同點

1.結構相同

都是從中心到四周的結構，中心主題往下分一級分支，再分二級、三級分支。

2.布局相同

都是橫放的紙張，這樣閱讀起來符合人眼的水平分布的特性。

二、不同點

1.線條差異

博贊的經典心智圖的線條是由粗到細的流暢曲線，手工心智圖的線條就比較簡單。

2.顏色的差異

經典心智圖的顏色比較豐富，讀書心智圖的顏色只用到了黑色。

3.圖像的差異

經典心智圖有比較豐富的圖像，有代表中心主旨的中心圖，也有周邊的用來解釋說明的小插圖，而讀書心智圖是純文字型的。

4.關鍵字的差異

博贊的經典心智圖鼓勵大家用關鍵字來概括自己要表達的意思，關鍵字可以是從文中挑選出來的，也可以是自己概括總結的。而讀書心智圖有關鍵字也有句子，處理比較靈活，沒有被關鍵字束縛住。

總結：心智圖的繪製風格沒有好壞之分，找到適合自己的才是最重要的。我們看一張心智圖應該要看最核心的部分，比如邏輯結構、繪製思路等。這些才是真正能夠反映一個人學習能力的關鍵要素。

經典私家心智圖大公開

「樊登讀書」成立六年多，累計讀了三百餘本書。下面我挑選了幾張有代表性的心智圖與大家分享，其中很多都是第一次公開亮相。希望讀者能透過這幾張心智圖，領會心智圖製作的要點和我解讀一本書的大致思路，然後摸索出一條適合自己的心智圖製作之路。

勵志心理類

《即興演講》

本書未出繁體中文版本。

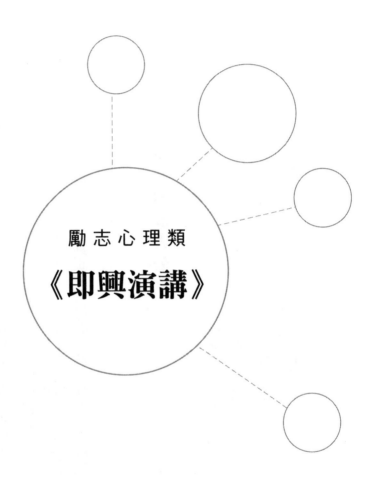

簡體版書名為《即興演講》，朱迪思・漢弗萊著，人民郵電出版社。

附錄之心智圖保留簡體的書名、頁數及譯名等相關資訊，供讀者參考。

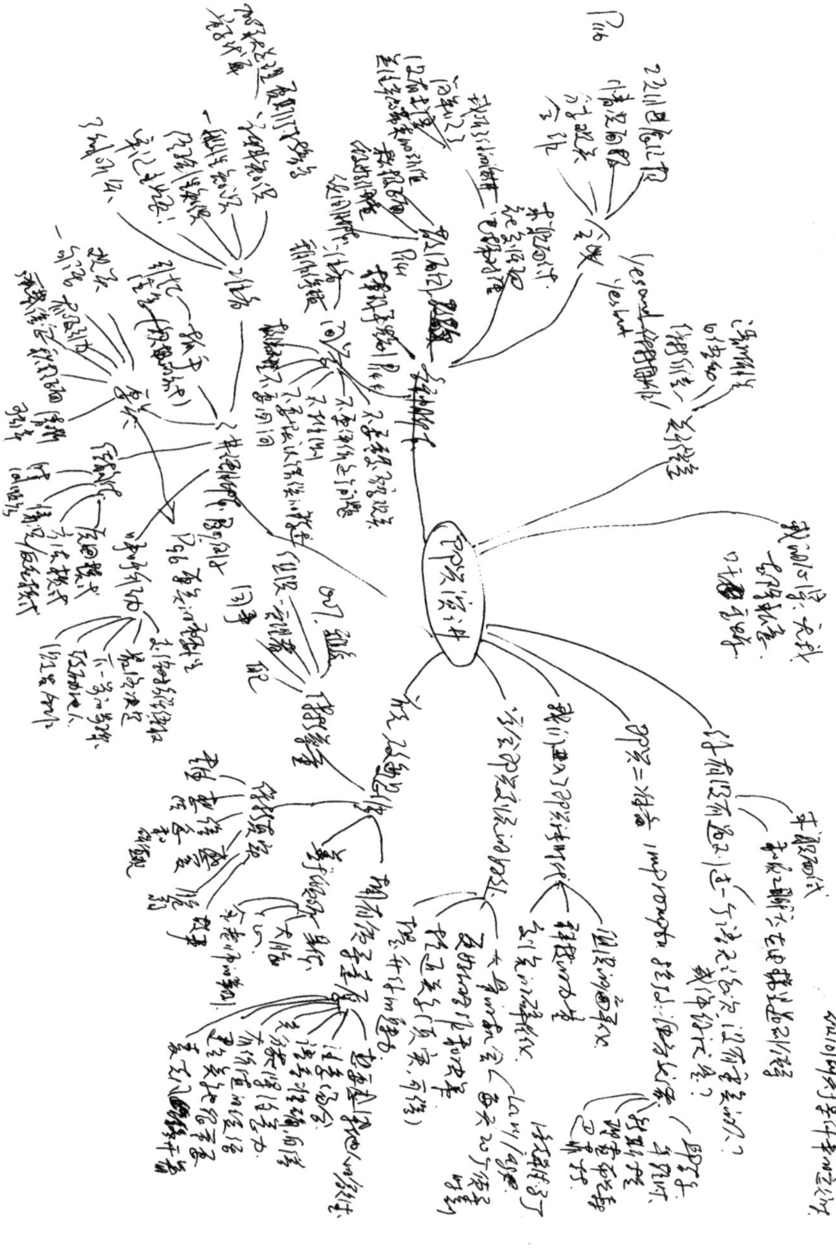

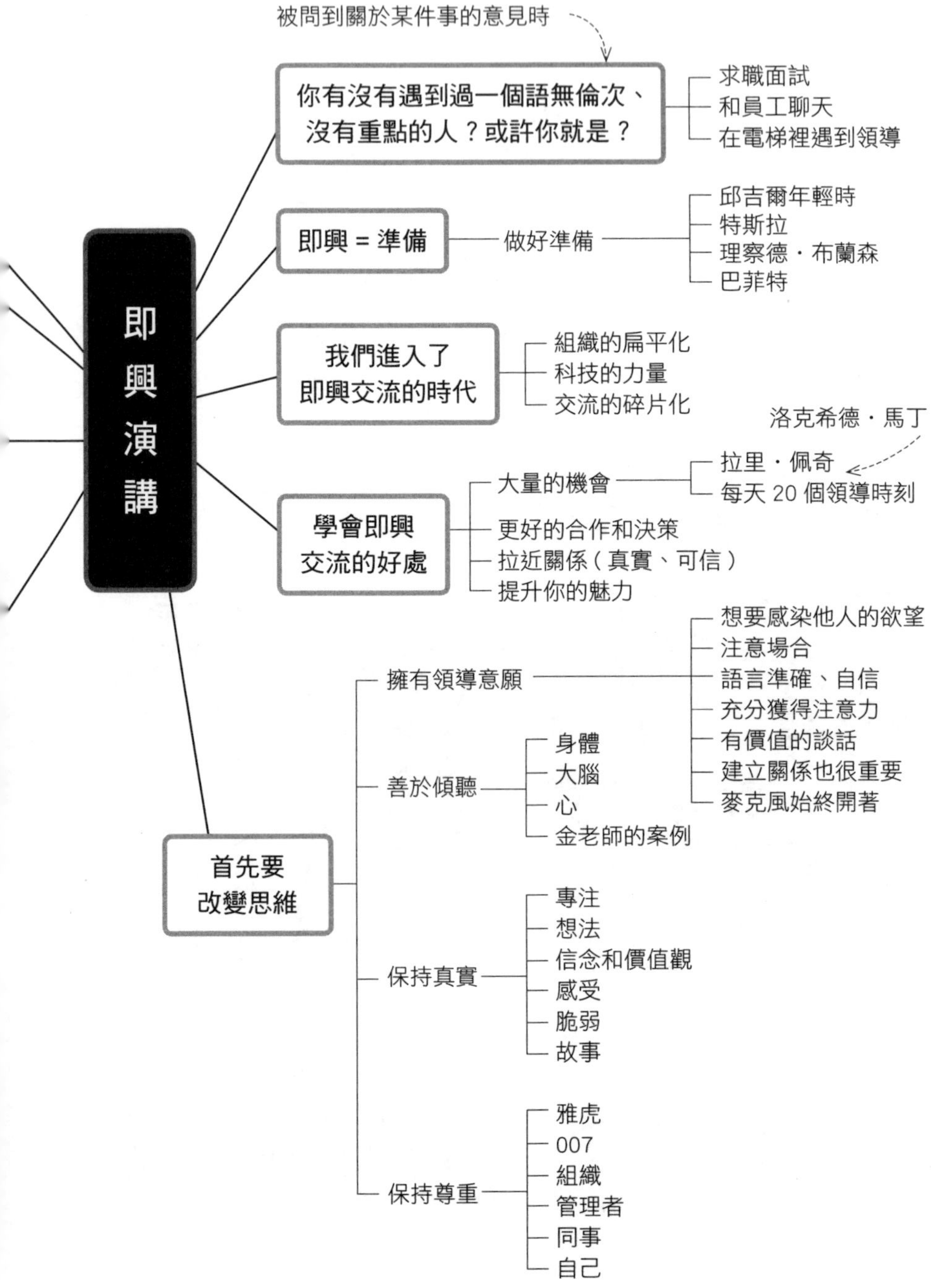
即興演講
被問到關於某件事的意見時
你有沒有遇到過一個語無倫次、沒有重點的人？或許你就是？
求職面試
和員工聊天
在電梯裡遇到領導
即興＝準備
做好準備
邱吉爾年輕時
特斯拉
理察德・布蘭森
巴菲特
我們進入了即興交流的時代
組織的扁平化
科技的力量
交流的碎片化
學會即興交流的好處
大量的機會
拉里・佩奇
每天 20 個領導時刻
洛克希德・馬丁
更好的合作和決策
拉近關係（真實、可信）
提升你的魅力
首先要改變思維
擁有領導意願
想要感染他人的欲望
注意場合
語言準確、自信
充分獲得注意力
有價值的談話
建立關係也很重要
麥克風始終開著
善於傾聽
身體
大腦
心
金老師的案例
保持真實
專注
想法
信念和價值觀
感受
脆弱
故事
保持尊重
雅虎
007
組織
管理者
同事
自己

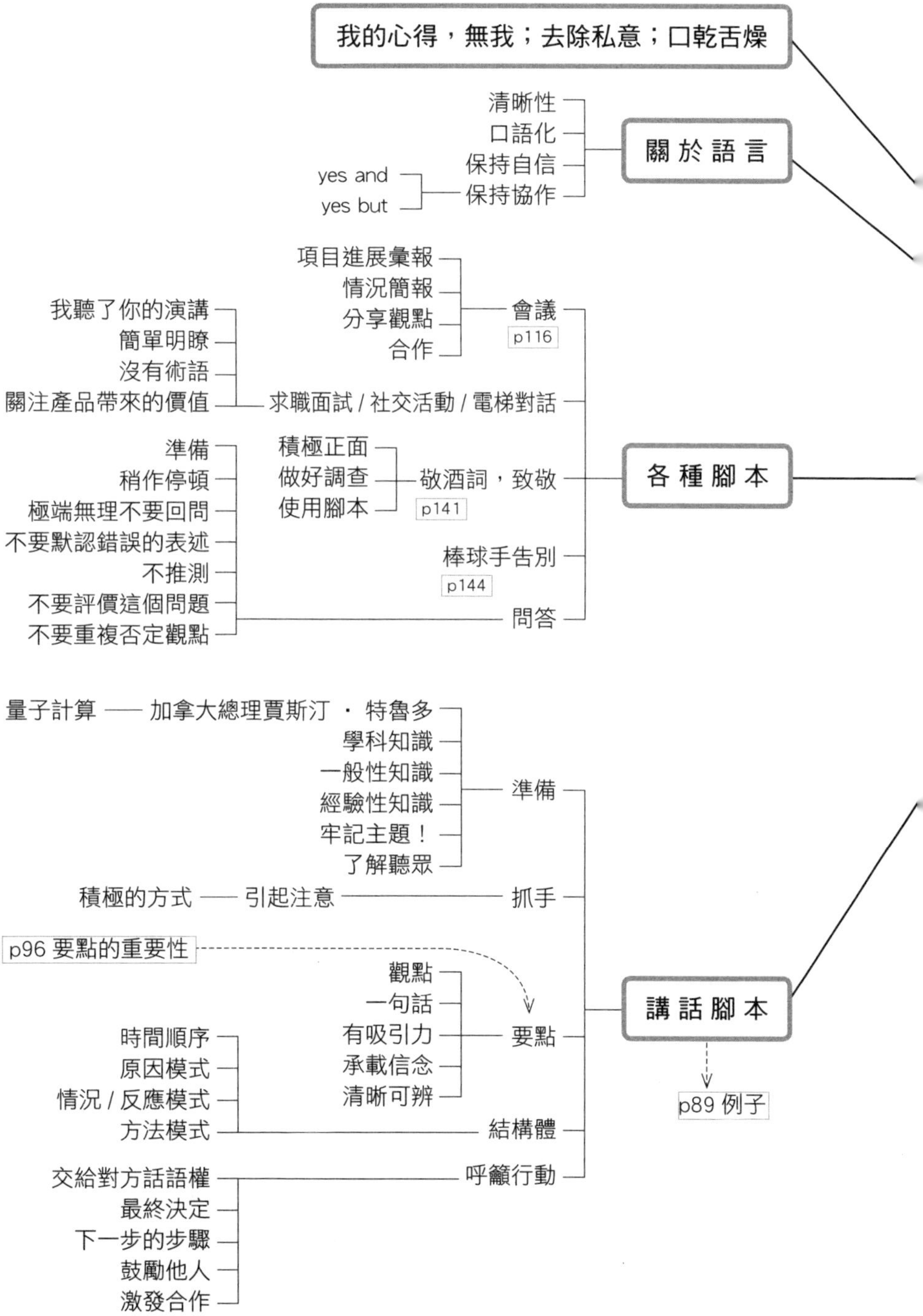
我的心得，無我；去除私意；口乾舌燥
關於語言
清晰性
口語化
保持自信
保持協作
yes and
yes but
各種腳本
會議
p116
項目進展彙報
情況簡報
分享觀點
合作
求職面試 / 社交活動 / 電梯對話
我聽了你的演講
簡單明瞭
沒有術語
關注產品帶來的價值
敬酒詞，致敬
p141
積極正面
做好調查
使用腳本
棒球手告別
p144
問答
準備
稍作停頓
極端無理不要回問
不要默認錯誤的表述
不推測
不要評價這個問題
不要重複否定觀點
講話腳本
p89 例子
準備
量子計算
加拿大總理賈斯汀 · 特魯多
學科知識
一般性知識
經驗性知識
牢記主題！
了解聽眾
抓手
積極的方式
引起注意
要點
p96 要點的重要性
觀點
一句話
有吸引力
承載信念
清晰可辨
結構體
時間順序
原因模式
情況 / 反應模式
方法模式
呼籲行動
交給對方話語權
最終決定
下一步的步驟
鼓勵他人
激發合作

勵志心理類

《掌控談話》

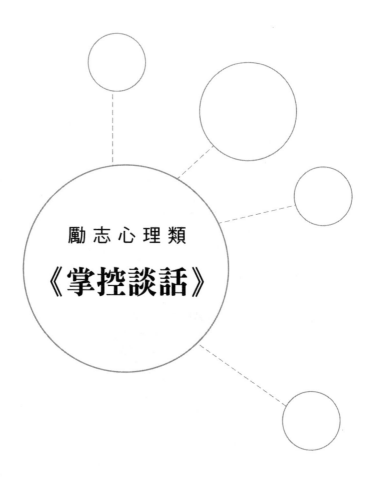

本書繁體版為《FBI談判協商術：首席談判專家教你在日常生活裡如何活用他的絕招》，克里斯．佛斯，塔爾．拉茲著，大塊文化。
附錄之心智圖保留簡體的書名、頁數及譯名等相關資訊，供讀者參考。

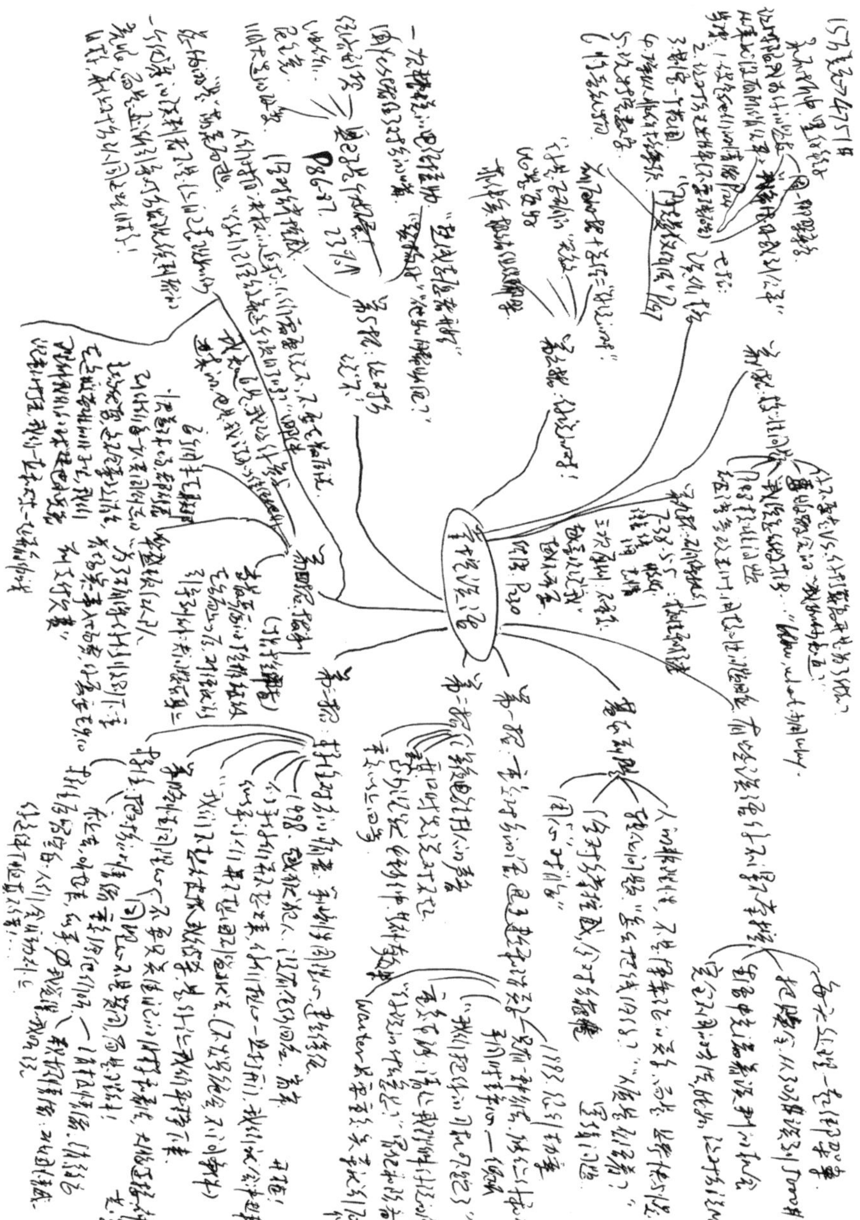
掌控谈话

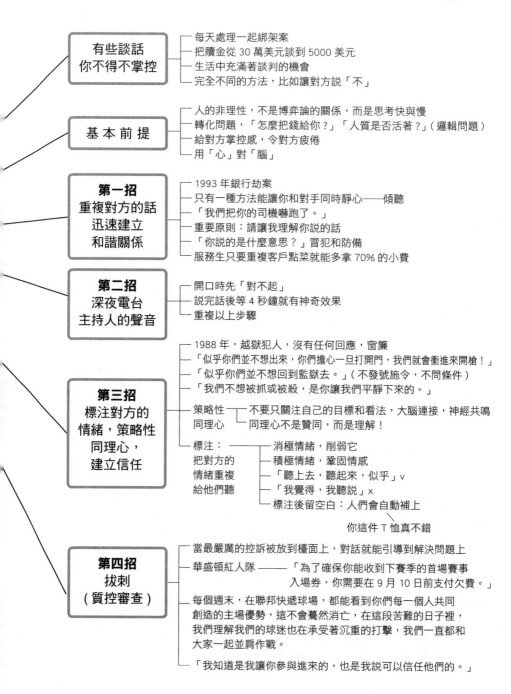

- **有些談話你不得不掌控**
  - 每天處理一起綁架案
  - 把贖金從 30 萬美元談到 5000 美元
  - 生活中充滿著談判的機會
  - 完全不同的方法，比如讓對方說「不」
- **基本前提**
  - 人的非理性，不是博弈論的關係，而是思考快與慢
  - 轉化問題，「怎麼把錢給你？」「人質是否活著？」（邏輯問題）
  - 給對方掌控感，令對方疲倦
  - 用「心」對「腦」
- **第一招 重複對方的話 迅速建立和諧關係**
  - 1993 年銀行劫案
  - 只有一種方法能讓你和對手同時靜心——傾聽
  - 「我們把你的司機嚇跑了。」
  - 重要原則：請讓我理解你說的話
  - 「你說的是什麼意思？」冒犯和防備
  - 服務生只要重複客戶點菜就能多拿 70% 的小費
- **第二招 深夜電台主持人的聲音**
  - 開口時先「對不起」
  - 說完話後等 4 秒鐘就有神奇效果
  - 重複以上步驟
- **第三招 標注對方的情緒，策略性同理心，建立信任**
  - 1988 年，越獄犯人，沒有任何回應，窗簾
  - 「似乎你們並不想出來，你們擔心一旦打開門，我們就會衝進來開槍！」
  - 「似乎你們並不想回到監獄去。」（不發號施令，不問條件）
  - 「我們不想被抓或被殺，是你讓我們平靜下來的。」
  - 策略性同理心
    - 不要只關注自己的目標和看法，大腦連接，神經共鳴
    - 同理心不是贊同，而是理解！
  - 標注：把對方的情緒重複給他們聽
    - 消極情緒，削弱它
    - 積極情緒，鞏固情感
    - 「聽上去，聽起來，似乎」v
    - 「我覺得，我聽說」x
    - 標注後留空白：人們會自動補上
      - 你這件 T 恤真不錯
- **第四招 拔刺（質控審查）**
  - 當最嚴厲的控訴被放到檯面上，對話就能引導到解決問題上
  - 華盛頓紅人隊——「為了確保你能收到下賽季的首場賽事入場券，你需要在 9 月 10 日前支付欠費。」
  - 每個週末，在聯邦快遞球場，都能看到你們每一個人共同創造的主場優勢，這不會驀然消亡，在這段苦難的日子裡，我們理解我們的球迷也在承受著沉重的打擊，我們一直都和大家一起並肩作戰。
  - 「我知道是我讓你參與進來的，也是我說可以信任他們的。」

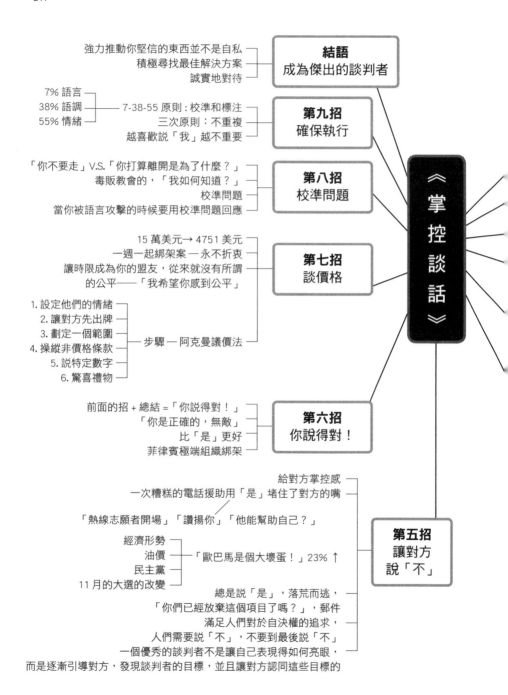

《掌控談話》

- **結語** 成為傑出的談判者
  - 強力推動你堅信的東西並不是自私
  - 積極尋找最佳解決方案
  - 誠實地對待
- **第九招** 確保執行
  - 7-38-55 原則：校準和標注
    - 7% 語言
    - 38% 語調
    - 55% 情緒
  - 三次原則：不重複
  - 越喜歡說「我」越不重要
- **第八招** 校準問題
  - 「你不要走」V.S.「你打算離開是為了什麼？」
  - 毒販教會的，「我如何知道？」
  - 校準問題
  - 當你被語言攻擊的時候要用校準問題回應
- **第七招** 談價格
  - 15 萬美元→ 4751 美元
  - 一週一起綁架案 — 永不折衷
  - 讓時限成為你的盟友，從來就沒有所謂的公平——「我希望你感到公平」
  - 步驟 — 阿克曼議價法
    - 1. 設定他們的情緒
    - 2. 讓對方先出牌
    - 3. 劃定一個範圍
    - 4. 操縱非價格條款
    - 5. 說特定數字
    - 6. 驚喜禮物
- **第六招** 你說得對！
  - 前面的招 + 總結 =「你說得對！」
  - 「你是正確的，無敵」
  - 比「是」更好
  - 菲律賓極端組織綁架
- **第五招** 讓對方說「不」
  - 給對方掌控感
  - 一次糟糕的電話援助用「是」堵住了對方的嘴
    - 「熱線志願者開場」「讚揚你」「他能幫助自己？」
  - 「歐巴馬是個大壞蛋！」23% ↑
    - 經濟形勢
    - 油價
    - 民主黨
    - 11 月的大選的改變
  - 總是說「是」，落荒而逃，「你們已經放棄這個項目了嗎？」，郵件
  - 滿足人們對於自決權的追求，人們需要說「不」，不要到最後說「不」
  - 一個優秀的談判者不是讓自己表現得如何亮眼，而是逐漸引導對方，發現談判者的目標，並且讓對方認同這些目標的

認知學習類

《認知天性》

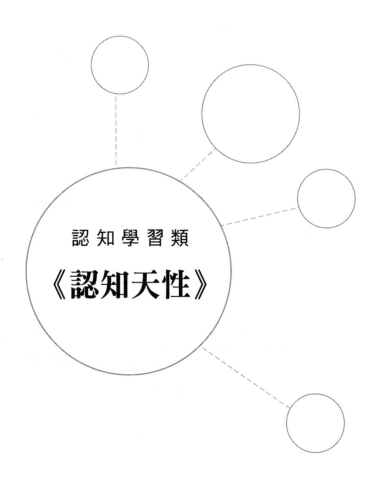

本書繁體版為《超牢記憶法》，彼得·C·布朗、亨利·L·羅迪格三世、

馬克·A·麥克丹尼爾著，天下文化。

附錄之心智圖保留簡體的書名、頁數及譯名等相關資訊，供讀者參考。

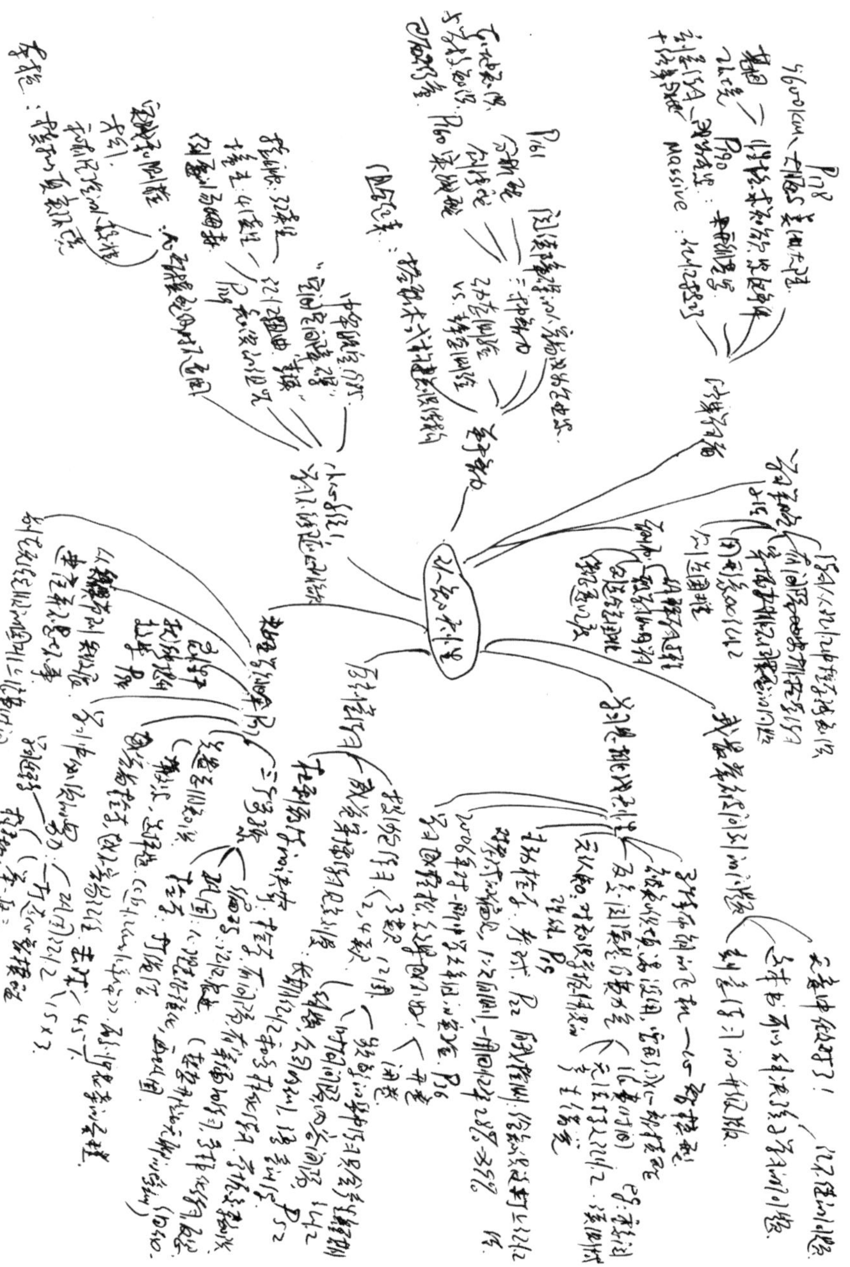

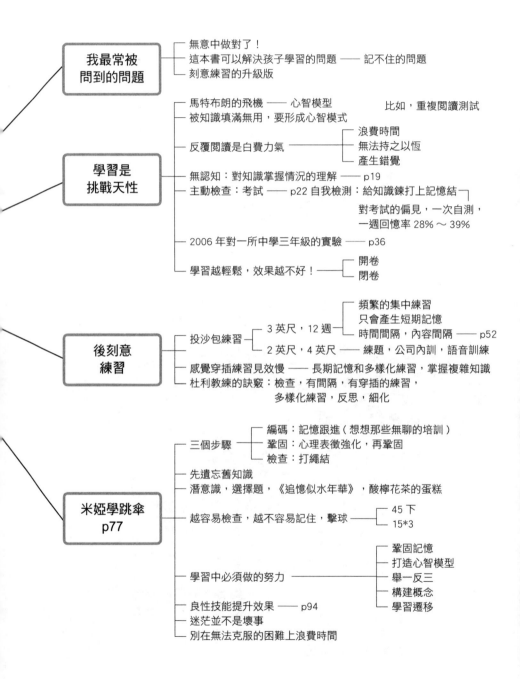

- **我最常被問到的問題**
  - 無意中做對了！
  - 這本書可以解決孩子學習的問題 —— 記不住的問題
  - 刻意練習的升級版
- **學習是挑戰天性**
  - 馬特布朗的飛機 —— 心智模型　　比如，重複閱讀測試
  - 被知識填滿無用，要形成心智模式
  - 反覆閱讀是白費力氣
    - 浪費時間
    - 無法持之以恆
    - 產生錯覺
  - 無認知：對知識掌握情況的理解 —— p19
  - 主動檢查：考試 —— p22 自我檢測：給知識鍊打上記憶結
    - 對考試的偏見，一次自測，一週回憶率 28% ～ 39%
  - 2006 年對一所中學三年級的實驗 —— p36
  - 學習越輕鬆，效果越不好！
    - 開卷
    - 閉卷
- **後刻意練習**
  - 投沙包練習
    - 3 英尺，12 週
      - 頻繁的集中練習
      - 只會產生短期記憶
      - 時間間隔，內容間隔 —— p52
    - 2 英尺，4 英尺 —— 練題，公司內訓，語音訓練
  - 感覺穿插練習見效慢 —— 長期記憶和多樣化練習，掌握複雜知識
  - 杜利教練的訣竅：檢查，有間隔，有穿插的練習，多樣化練習，反思，細化
- **米婭學跳傘 p77**
  - 三個步驟
    - 編碼：記憶跟進（想想那些無聊的培訓）
    - 鞏固：心理表徵強化，再鞏固
    - 檢查：打繩結
  - 先遺忘舊知識
  - 潛意識，選擇題，《追憶似水年華》，酸檸花茶的蛋糕
  - 越容易檢查，越不容易記住，擊球
    - 45 下
    - 15*3
  - 學習中必須做的努力
    - 鞏固記憶
    - 打造心智模型
    - 舉一反三
    - 構建概念
    - 學習遷移
  - 良性技能提升效果 —— p94
  - 迷茫並不是壞事
  - 別在無法克服的困難上浪費時間

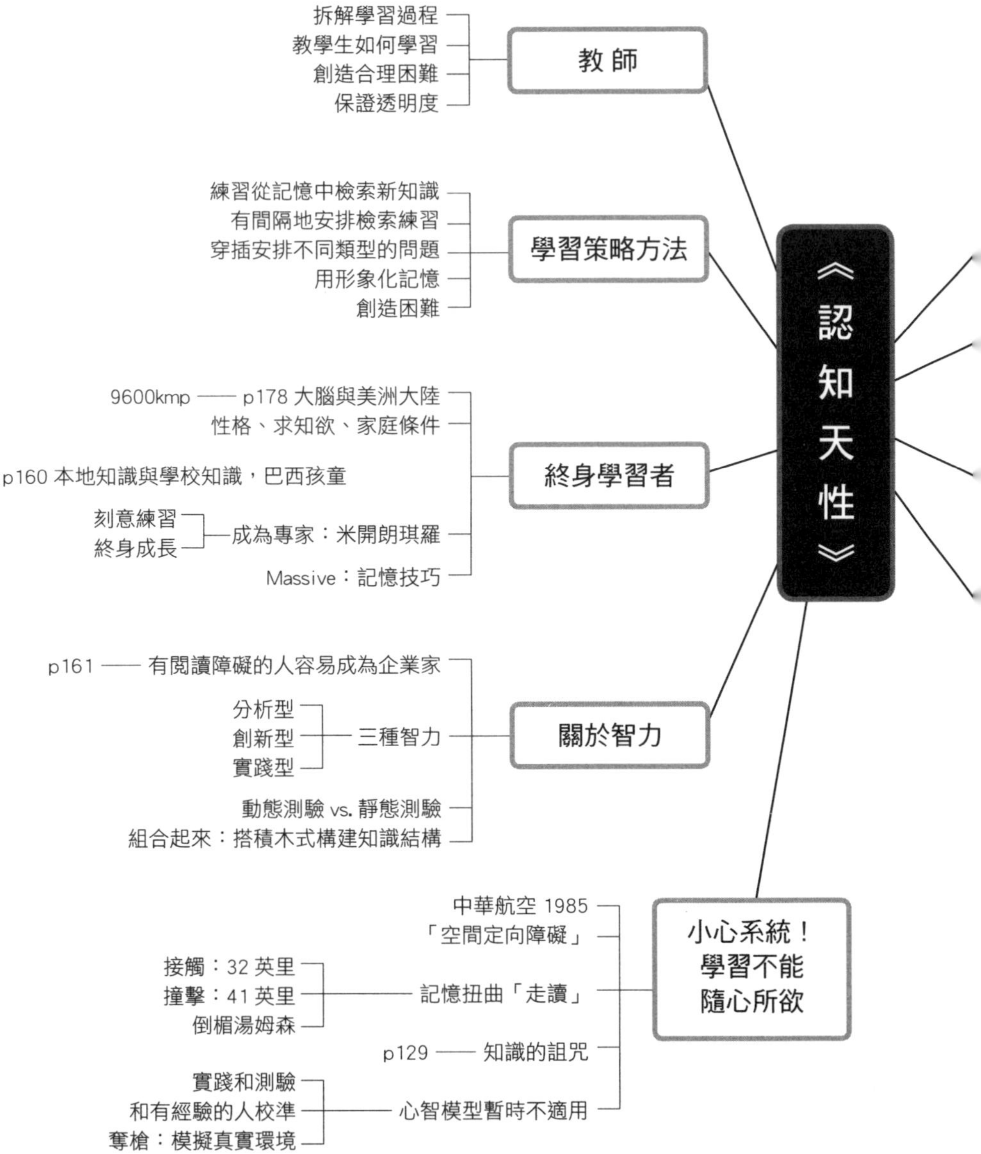
《認知天性》
教師
拆解學習過程
教學生如何學習
創造合理困難
保證透明度
學習策略方法
練習從記憶中檢索新知識
有間隔地安排檢索練習
穿插安排不同類型的問題
用形象化記憶
創造困難
終身學習者
9600kmp —— p178 大腦與美洲大陸
性格、求知欲、家庭條件
p160 本地知識與學校知識，巴西孩童
刻意練習
終身成長
成為專家：米開朗琪羅
Massive：記憶技巧
關於智力
p161 —— 有閱讀障礙的人容易成為企業家
分析型
創新型
實踐型
三種智力
動態測驗 vs. 靜態測驗
組合起來：搭積木式構建知識結構
小心系統！學習不能隨心所欲
中華航空 1985
「空間定向障礙」
接觸：32 英里
撞擊：41 英里
倒楣湯姆森
記憶扭曲「走讀」
p129 —— 知識的詛咒
實踐和測驗
和有經驗的人校準
奪槍：模擬真實環境
心智模型暫時不適用

認知學習類

《OKR工作法》

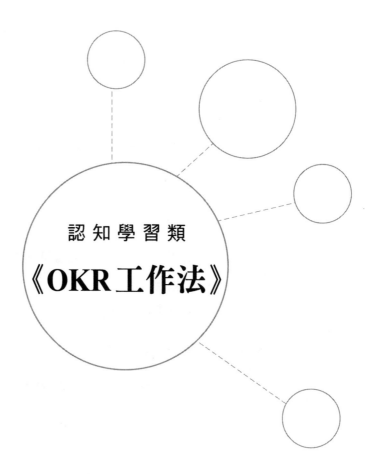

本書繁體版為《OKR：做最重要的事》，約翰·杜爾著，天下文化。
附錄之心智圖保留簡體的書名、頁數及譯名等相關資訊，供讀者參考。

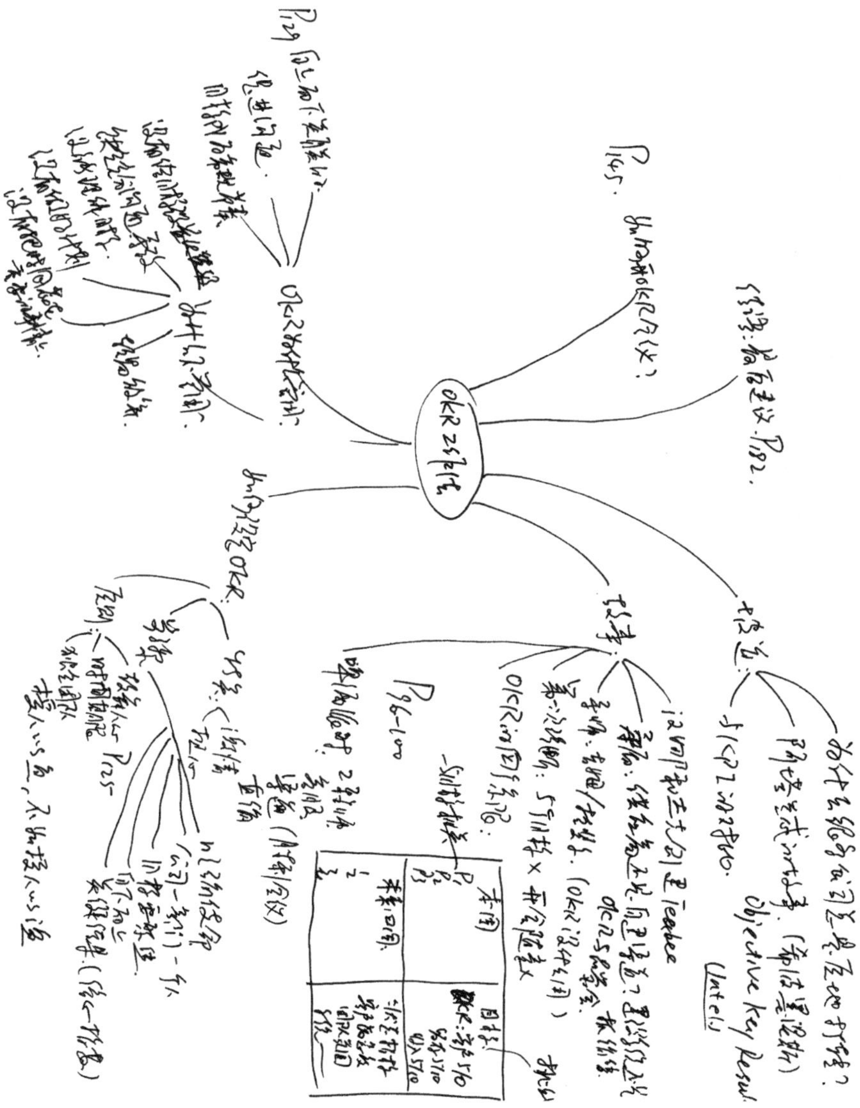
OKR工作法
Objective Key Resul
Intel

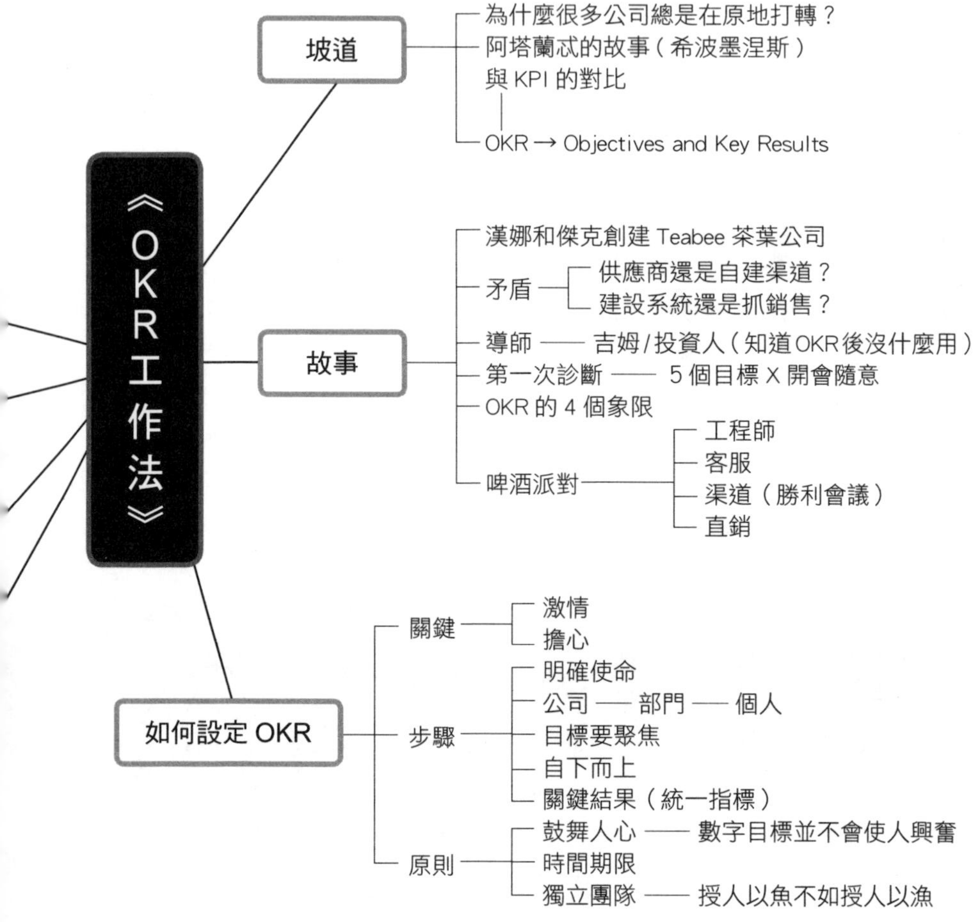
《OKR工作法》
坡道
為什麼很多公司總是在原地打轉？
阿塔蘭忒的故事（希波墨涅斯）
與 KPI 的對比
OKR → Objectives and Key Results
故事
漢娜和傑克創建 Teabee 茶葉公司
矛盾
供應商還是自建渠道？
建設系統還是抓銷售？
導師 —— 吉姆/投資人（知道OKR後沒什麼用）
第一次診斷 —— 5 個目標 X 開會隨意
OKR 的 4 個象限
啤酒派對
工程師
客服
渠道（勝利會議）
直銷
如何設定 OKR
關鍵
激情
擔心
步驟
明確使命
公司 —— 部門 —— 個人
目標要聚焦
自下而上
關鍵結果（統一指標）
原則
鼓舞人心 —— 數字目標並不會使人興奮
時間期限
獨立團隊 —— 授人以魚不如授人以漁

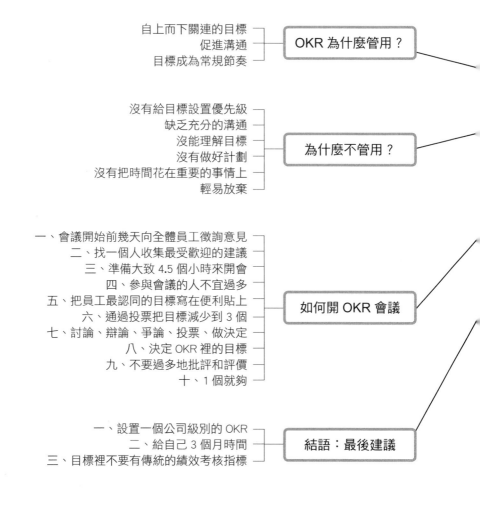

OKR 為什麼管用？

- 自上而下關連的目標
- 促進溝通
- 目標成為常規節奏

為什麼不管用？

- 沒有給目標設置優先級
- 缺乏充分的溝通
- 沒能理解目標
- 沒有做好計劃
- 沒有把時間花在重要的事情上
- 輕易放棄

如何開 OKR 會議

- 一、會議開始前幾天向全體員工徵詢意見
- 二、找一個人收集最受歡迎的建議
- 三、準備大致 4.5 個小時來開會
- 四、參與會議的人不宜過多
- 五、把員工最認同的目標寫在便利貼上
- 六、通過投票把目標減少到 3 個
- 七、討論、辯論、爭論、投票、做決定
- 八、決定 OKR 裡的目標
- 九、不要過多地批評和評價
- 十、1 個就夠

結語：最後建議

- 一、設置一個公司級別的 OKR
- 二、給自己 3 個月時間
- 三、目標裡不要有傳統的績效考核指標

人物傳記類

《列奧納多·達·芬奇傳》

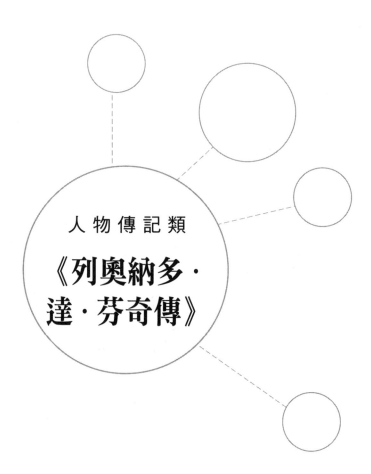

本書繁體版為《達文西傳》，華特·艾薩克森著，商周出版。
附錄之心智圖保留簡體的書名、頁數及譯名等相關資訊，供讀者參考。

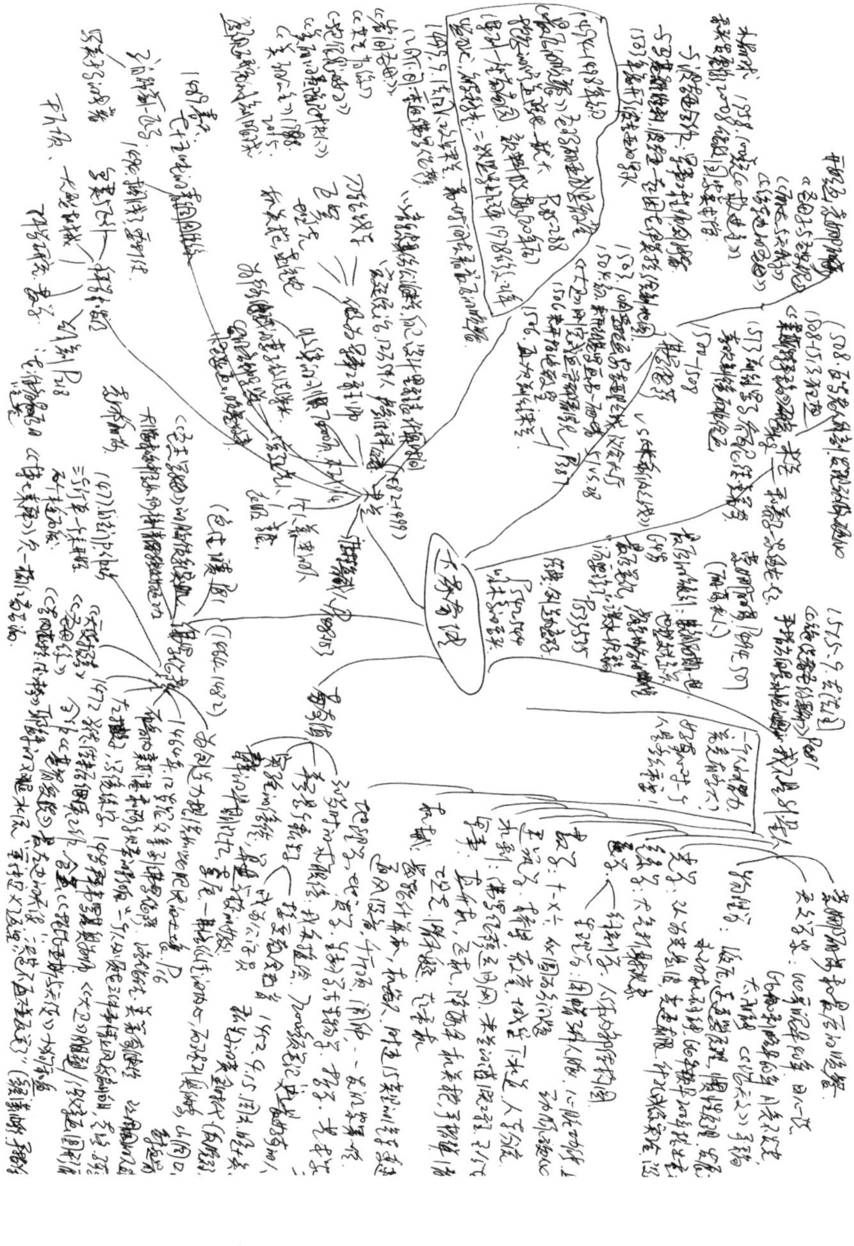

列奧納多・達・芬奇傳

坡道：達・芬奇不是外星人，一個人的潛能究竟可以有多大，好奇心對於一個人來說有多重要

- 為尊重原著表述，且不與達・芬奇家族的其他成員混淆，本書均用列奧納多指代達・芬奇
- 繪　畫：《蒙娜麗莎》《最後的晚餐》
  天文學：比哥白尼早 40 年提出日心説，比伽利略早 60 年發現月亮不發光，太陽能的應用，《論天文》的手稿
  物理學：液壓的聯動器裝置，慣性原理，槓桿理論，槓桿的力矩，永動機永遠不可能實現，比牛頓早 200 年提出重力的概念
  光　學：認為光是一種波、光速是有限的，設計了針孔成像實驗，設計光學的儀器
  氣象學：大氣折射現象
  醫　學：解剖學，人體內部結構圖；生理學，用蠟來了解人腦構造、心臟功能、血液循環，發現動脈硬化致死原理
  數　學：最早使用加減乘除符號，化圓為方問題
  建築學：橋梁，教堂，城堡，下水道，人車分流
  水　利：佛羅倫薩運河網、米蘭灌溉工程，至今在用
  軍　事：直升機，飛機，降落傘，機關炮，手榴彈，潛水艇，坦克，起重機，潛水裝備
  機　械：齒輪計算機，機械齒，時速 15 英里的汽車，變速箱，通風設備，千斤頂鬧鐘
  在人類十大發明家當中，達・芬奇排名第一位，同時他在地理學、地質學、生物學、古生物學、哲學、繪畫、音樂領域也頗有建樹
  啄木鳥的舌頭？

芬奇鎮時光 (1452-1464)

- 30 歲時的求職信：我亦擅繪，7200 多頁筆記讓他成為「最好奇的人」
- 幸虧是個私生子
  - 接受教會教育，1452 年 4 月 15 日週六晚十點出生
  - 成為公證員，私生子的黃金時代，《反脆弱》
  - 實驗的信徒，算盤學校的好處
  - 童年的早期記憶，鳶尾，反映弗洛伊德內心而不是列奧納多，山洞口的恐懼，鯨魚骨化石

佛羅倫薩 (1464-1482)

- 為創造力提供如此肥沃的土壤 (p16) —— 1464 年，12 歲，隨父親來到佛羅倫薩，洛倫佐・美第奇統治
- 布魯內萊斯基與阿爾貝蒂的影響
  - 一個人必須在三件事上風度翩翩 —— 走路、騎馬、言談，讓周圍人感到美好
  - 左撇子，鏡像體
- 14 歲拜師韋羅基奧
  - 給父親畫圓形盾牌
  - 1472 年學徒生涯結束後接續工作，合畫《托比亞斯與天使》的小狗和魚，合作《基督受洗》左邊的天使，「重新定義了畫家，讓師傅也不想碰畫筆了」(多層薄油彩，手指塗抹)
  - 《天使報喜》《聖母子與聖安妮》《吉內薇拉・德・本奇》
- 1477 年自立門戶成立作坊
  - 三個訂單，一個未開始，兩個半途而廢
  - 《聖傑羅姆》中的胸鎖乳突肌，大腦和神經如何將情緒轉化為運動
  - 《博士來拜》欠了一桶紅葡萄酒

法國時光 (1516-1519)

晚年時光
- 在盧瓦爾河谷度過人生最後的時光
- 這期間的畫《施洗者聖約翰》手指的方向成為永恆的謎團
- 畫了很多洪水繪稿
- 《蒙娜麗莎》麗莎夫人的真實身分
- 最後的筆記，「湯要涼了」pp533-535
- 達・芬奇的創造力密碼 pp542-544
- 解密啄木鳥的舌頭

羅馬時光 (1513-1516)

喬瓦尼・德・美第奇當政
- 繪製了《都靈肖像》(1513)，在這期間更喜歡製鏡而非繪畫
- 1516 年受弗蘭西斯一世邀請，動身離開羅馬，去了法國

再回米蘭 (1506-1513)

當權者為法國國王路易十二
- 弗朗切斯科・梅爾奇成為列奧納多養子，一直與這位養子住在一起
- 1508 年前後繪製了第二幅《岩間聖母》，1509 年開始繪製《施洗者聖約翰》
- 第二階段的解剖學研究開始，深入了解了人體的肌肉、骨骼、嘴唇與微笑、心臟、血管、胚胎等，發現動脈硬化可以致死
- 1508 年一位百歲老人身上發現了動脈硬化的致死原理
  1508-1513 年，狂熱研究水並繪製了《萊斯特手稿》

重回佛羅倫薩 (1500-1506)

1499 年，法國大軍入侵米蘭，盧多維科公爵淪為階下囚
- 開始畫《蒙娜麗莎》，完成畫作《聖母子與聖安妮》《麗達與天鵝》《紡車邊的聖母》《救世主》等
  1958 年，《救世主》被拍賣，價格為 100 美元，但畫作中的水晶球和頭髮震撼了很多專家，後經檢測是達・芬奇真蹟，被倫敦國家美術館收藏
- 與波吉亞合作，成為其軍事工程師，曾與波吉亞和馬基亞維利一起被困於伊莫拉，還繪製了精美的伊莫拉地圖
- 1503 年 10 月，受邀在議會大廳的牆上畫《安吉亞里之戰》；1504 年初，米開朗琪羅受邀畫另一面牆，《大衛》剛完成後血管都看得見 (p387)
  1506 年開始拒絕教皇，然後再次前往米蘭

移居米蘭 (1482-1499)

- 以音樂家身分公派米蘭，自己設計里程表計算時間，宮廷統治，12.5 萬人，盧多維科公爵
- 軍事工程師—刀輪戰車，巨弩，坦克，機關槍，蒸汽炮
- 宮廷藝人——養成了收集的習慣，7200 多頁筆記，為盧多維科公爵的夫人放洗澡水，發明各種樂器，怪誕畫，脱口秀講故事；1489 年的春天要鑄造一個 75 噸重的青銅馬，親自解剖馬；還寫了一篇關於馬的著作，1494 年擱淺，要打仗
- 科學家、畫家
  - 鳥類與飛行，千斤頂，大型機械，科學研究，數學，解剖學——為了畫《最後的晚餐》1494-1498 年，《最後的晚餐》，聖瑪麗亞感恩教堂，抱怨修道院的院長，再抱怨就把他畫成猶大，畫法創新，20 年顏料開始脱落，這裡曾被當過監獄，被二戰的炮彈炸過，都倖免於難，1978 年最近的一次大修復
  - 1499 年 9 月，法國人攻陷米蘭，第一時間去看《最後的晚餐》達・芬奇於年底回到了佛羅倫薩此前還畫了《岩間聖母》《抱銀鼠的女子》《美麗的費隆妮葉夫人》《美麗公主》1988 年、2015 年被拍賣，重視研究，解剖人的眼球

人物傳記類

《孔子傳》

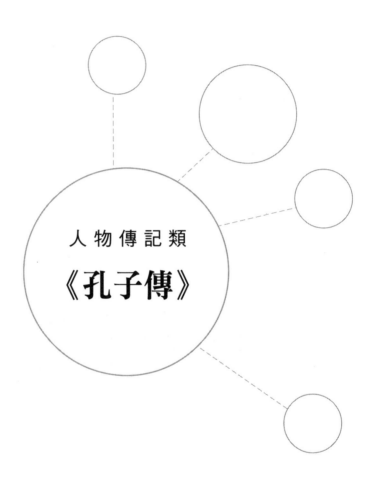

本書繁體版為《孔子傳（三版）》，錢穆著，東大圖書公司。
附錄之心智圖保留簡體的書名、頁數及譯名等相關資訊，供讀者參考。

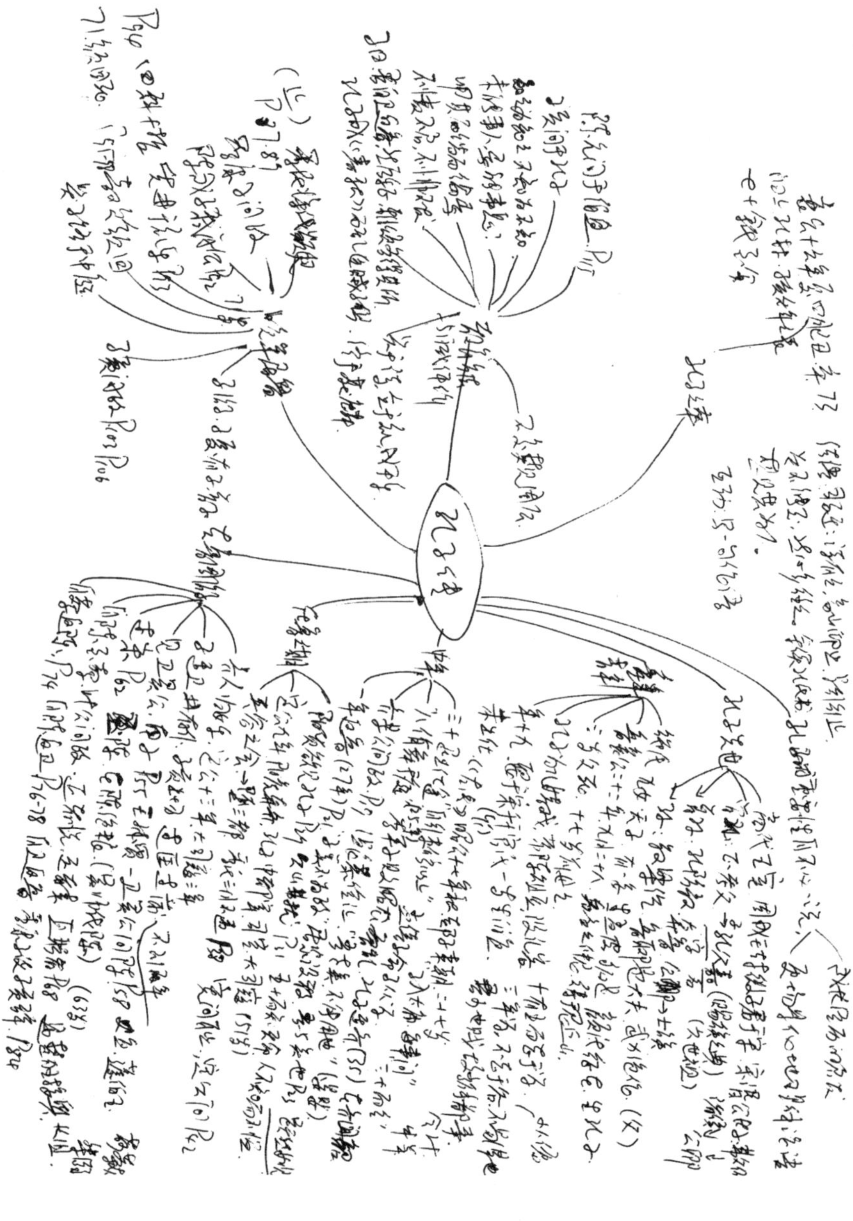

孔子的重要性自不必說

- 成長經歷的啟發
- 更場景化地理解《論語》

孔子先世

- 商代王室，周成王封微子於宋，宋湣公長子 —— 弗父何 —— 諸侯→公卿
- 弗父何曾孫正考父 —— 正考父生孔父嘉（孔子六世祖）—— 賜族之典
- 孔父嘉曾孫孔防叔 —— 奔魯 —— 公卿 →士族
- 孔防叔之孫叔梁紇 —— 魯陬邑大夫，武力絕倫（孔子父）

孔子童年、青年

- 孔子之母 —— 叔梁紇娶魯之施氏，生九女，無子；有一妾，生孟皮，病足；顏氏徵在，生孔子
- 魯襄公二十二年，陽曆 9 月 28 日 —— 孔子名丘，字仲尼 —— 父母禱於尼山而得生，故以為名
- 3 歲父死，17 歲母亡
- 孔子為兒嬉戲，常陳俎豆，設禮容
  - 十有五而志於學
  - 三年學，不志於穀，不易得也
  - 吾少也賤，故多能鄙事 —— 會計、牛羊
- 年十九，娶於宋丌（ㄐㄧ）官氏，一歲生伯魚 —— 未入仕
- 《左傳》昭公十七年秋，郯子來朝，孔子在場，故二十七歲已入仕
  - 入太廟，每事問
  - 三十而立

孔子中年

- 30 歲退出仕途 —— 自行束脩以上 —— 孟僖子命子從學
- 八佾舞於庭 —— 季平子敗昭公 —— 魯亂，孔子適齊（35 歲）—— 在齊聞韶
- 齊景公問政 —— 溫良恭儉讓 ——「吾老矣，不能用也」
- 一年返魯（魯昭公二十七年）——「子奚不為政」—— 居家設教，吾與奚也

仕魯之期

- 陽貨欲見孔子 —— 公山弗擾
- 定公九年，陽虎奔齊 —— 孔子中都宰為司空，由司空為大司寇（51 歲）
- 夾谷之會 —— 墮三都，季孫三月不違 —— 憲問恥，定公問

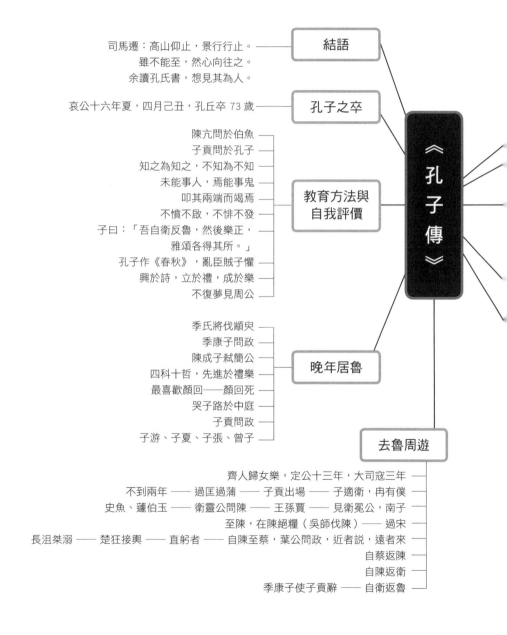

《孔子傳》

- 結語
  - 司馬遷：高山仰止，景行行止。雖不能至，然心向往之。余讀孔氏書，想見其為人。
- 孔子之卒
  - 哀公十六年夏，四月己丑，孔丘卒 73 歲
- 教育方法與自我評價
  - 陳亢問於伯魚
  - 子貢問於孔子
  - 知之為知之，不知為不知
  - 未能事人，焉能事鬼
  - 叩其兩端而竭焉
  - 不憤不啟，不悱不發
  - 子曰：「吾自衛反魯，然後樂正，雅頌各得其所。」
  - 孔子作《春秋》，亂臣賊子懼
  - 興於詩，立於禮，成於樂
  - 不復夢見周公
- 晚年居魯
  - 季氏將伐顓臾
  - 季康子問政
  - 陳成子弒簡公
  - 四科十哲，先進於禮樂
  - 最喜歡顏回——顏回死
  - 哭子路於中庭
  - 子貢問政
  - 子游、子夏、子張、曾子
- 去魯周遊
  - 齊人歸女樂，定公十三年，大司寇三年
  - 不到兩年 —— 過匡過蒲 —— 子貢出場 —— 子適衛，冉有僕
  - 史魚、蘧伯玉 —— 衛靈公問陳 —— 王孫賈 —— 見衛冕公，南子
  - 至陳，在陳絕糧（吳師伐陳）—— 過宋
  - 長沮桀溺 —— 楚狂接輿 —— 直躬者 —— 自陳至蔡，葉公問政，近者說，遠者來
  - 自蔡返陳
  - 自陳返衛
  - 季康子使子貢辭 —— 自衛返魯

家庭親子類

《父母的語言》

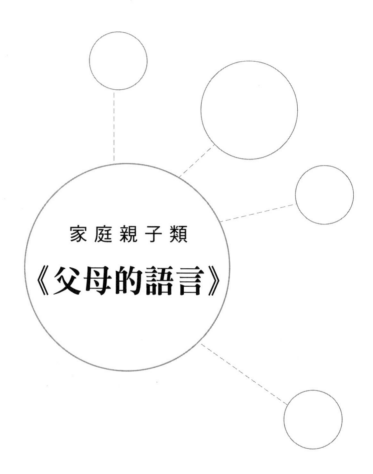

本書繁體版為《父母的語言：3000 萬字，給孩子更優質的學習型大腦》，
丹娜．蘇斯金著，親子天下。
附錄之心智圖保留簡體的書名、頁數及譯名等相關資訊，供讀者參考。

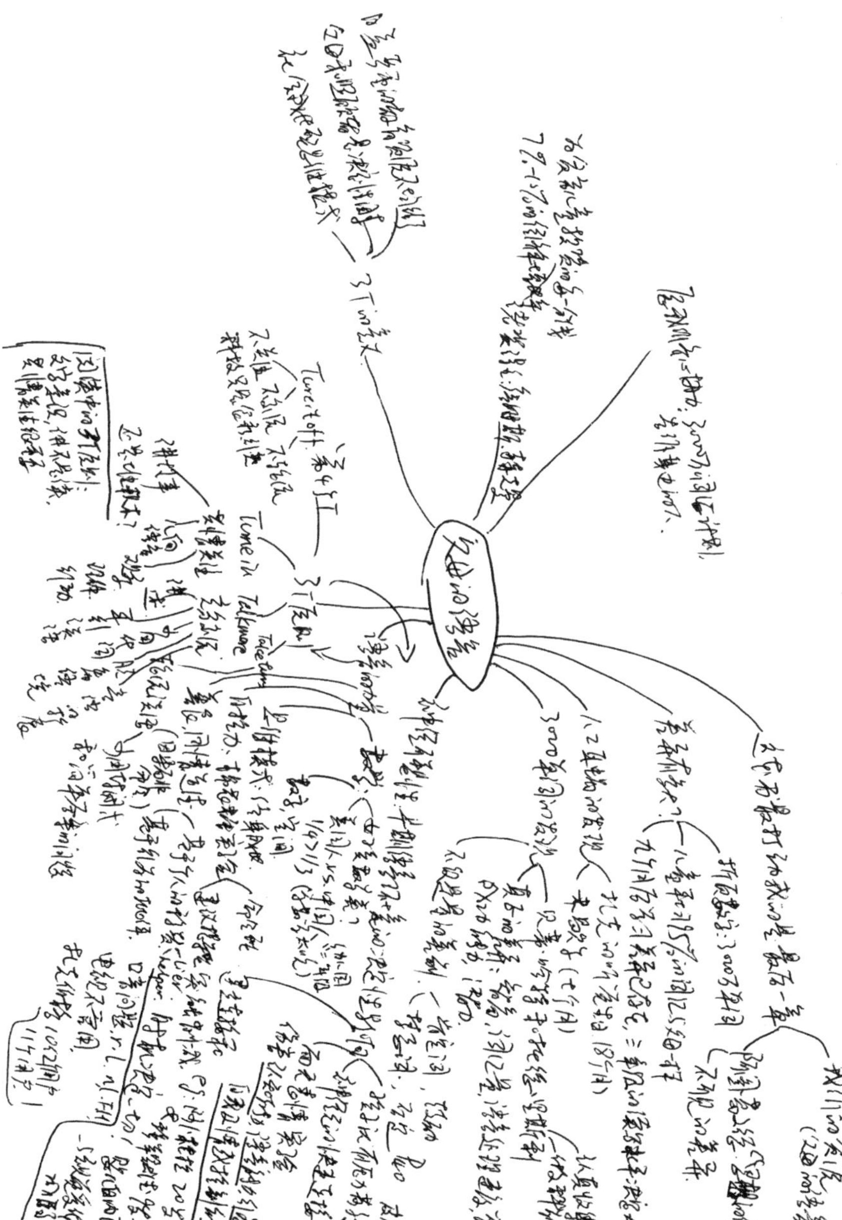

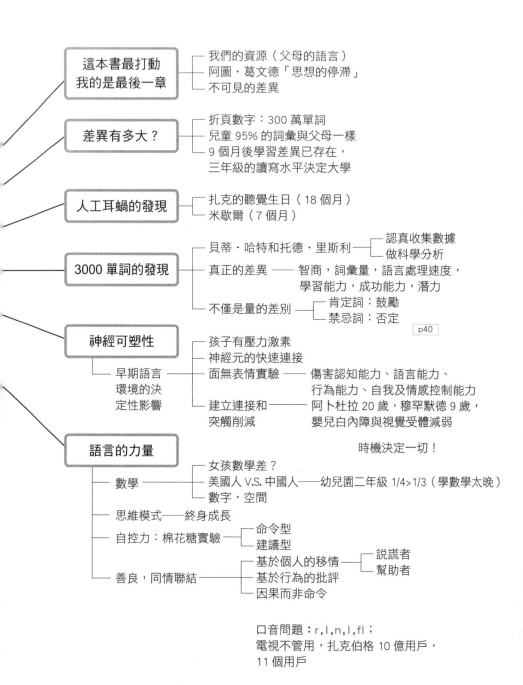

- **這本書最打動我的是最後一章**
  - 我們的資源（父母的語言）
  - 阿圖・葛文德「思想的停滯」
  - 不可見的差異
- **差異有多大？**
  - 折頁數字：300 萬單詞
  - 兒童 95% 的詞彙與父母一樣
  - 9 個月後學習差異已存在，三年級的讀寫水平決定大學
- **人工耳蝸的發現**
  - 扎克的聽覺生日（18 個月）
  - 米歇爾（7 個月）
- **3000 單詞的發現**
  - 貝蒂・哈特和托德・里斯利
    - 認真收集數據
    - 做科學分析
  - 真正的差異——智商，詞彙量，語言處理速度，學習能力，成功能力，潛力
  - 不僅是量的差別
    - 肯定詞：鼓勵
    - 禁忌詞：否定
- **神經可塑性**
  - 早期語言環境的決定性影響
    - 孩子有壓力激素
    - 神經元的快速連接
    - 面無表情實驗——傷害認知能力、語言能力、行為能力、自我及情感控制能力
    - 建立連接和突觸削減——阿卜杜拉 20 歲，穆罕默德 9 歲，嬰兒白內障與視覺受體減弱

p40

時機決定一切！

- **語言的力量**
  - 數學
    - 女孩數學差？
    - 美國人 V.S. 中國人——幼兒園二年級 1/4>1/3（學數學太晚）
    - 數字，空間
  - 思維模式——終身成長
  - 自控力：棉花糖實驗
    - 命令型
    - 建議型
  - 善良，同情聯結
    - 基於個人的移情
      - 說謊者
      - 幫助者
    - 基於行為的批評
    - 因果而非命令

口音問題：r, l, n, l, fl；
電視不管用，扎克伯格 10 億用戶，
11 個用戶

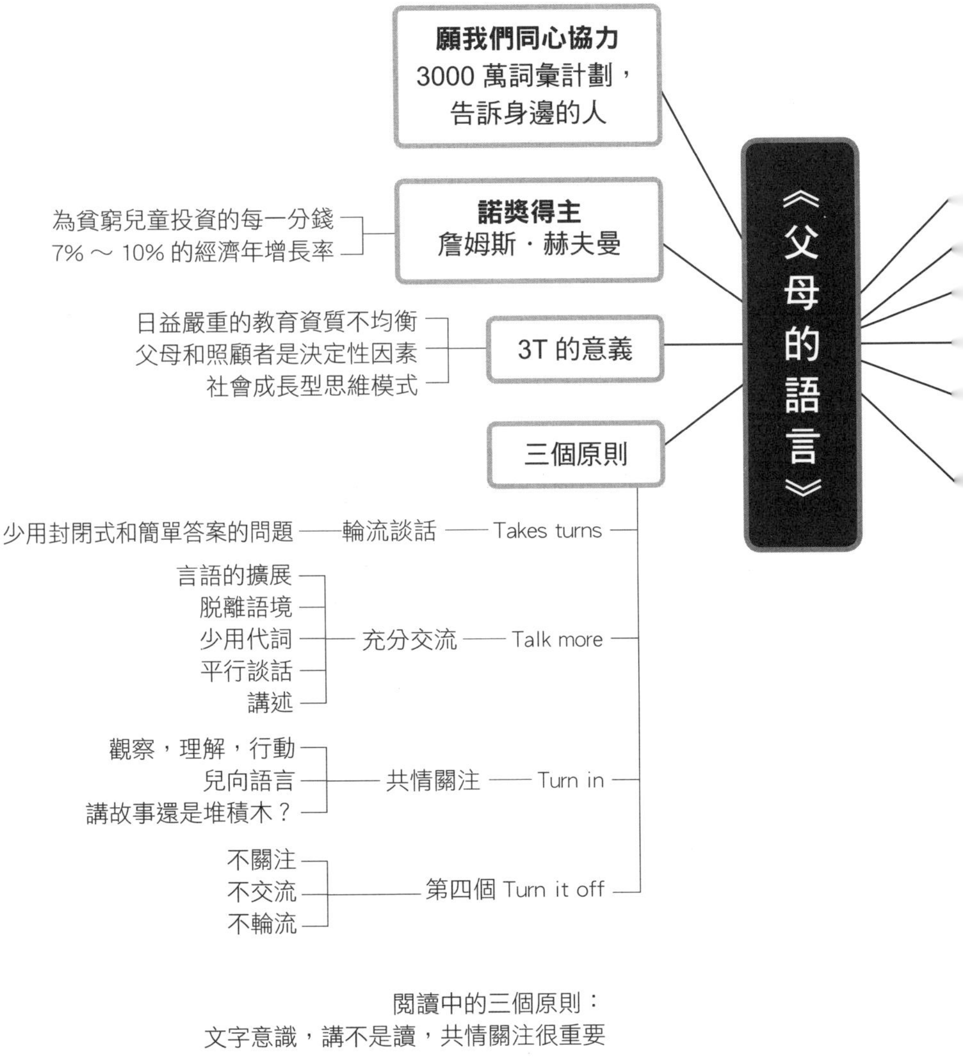
《父母的語言》
願我們同心協力
3000 萬詞彙計劃，
告訴身邊的人
諾獎得主
詹姆斯・赫夫曼
為貧窮兒童投資的每一分錢
7% ～ 10% 的經濟年增長率
3T 的意義
日益嚴重的教育資質不均衡
父母和照顧者是決定性因素
社會成長型思維模式
三個原則
Takes turns
輪流談話
少用封閉式和簡單答案的問題
Talk more
充分交流
言語的擴展
脫離語境
少用代詞
平行談話
講述
Turn in
共情關注
觀察，理解，行動
兒向語言
講故事還是堆積木？
第四個 Turn it off
不關注
不交流
不輪流
閱讀中的三個原則：
文字意識，講不是讀，共情關注很重要

家庭親子類

《熱鍋上的家庭》

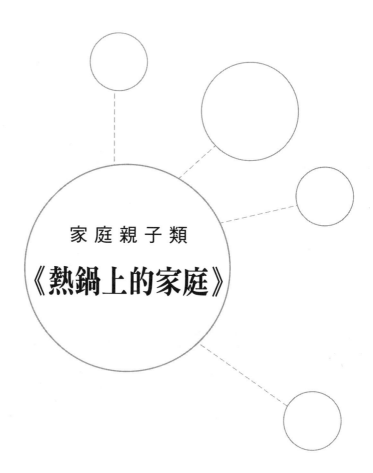

本書繁體版為《熱鍋上的家庭：一個家庭治療的心路歷程》，
芮皮爾．華特克著，張老師文化。
附錄之心智圖保留簡體的書名、頁數及譯名等相關資訊，供讀者參考。

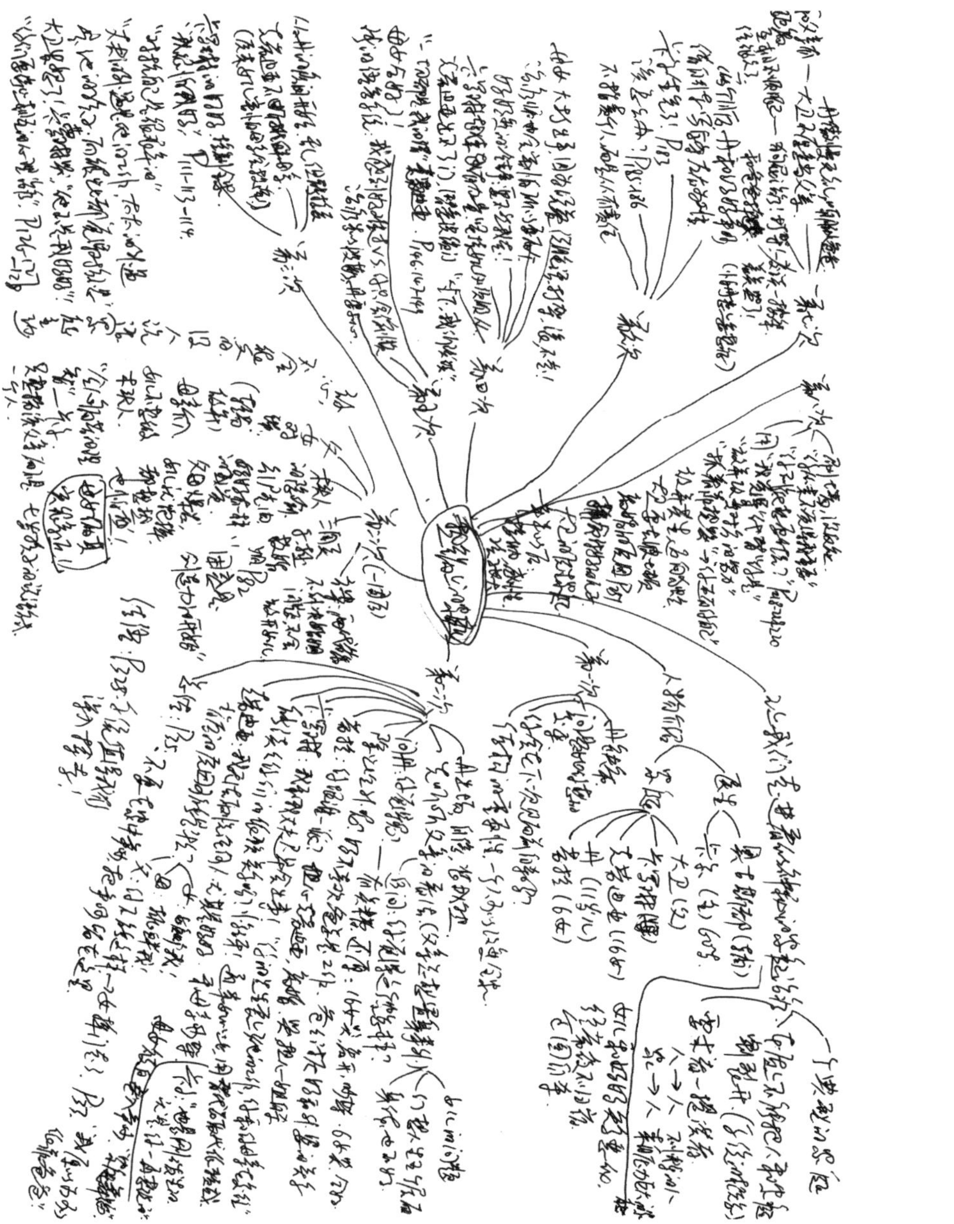

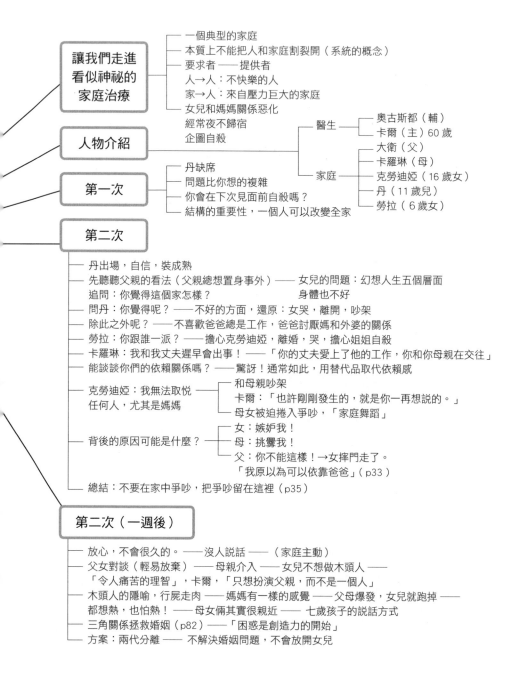

- **讓我們走進看似神祕的家庭治療**
  - 一個典型的家庭
  - 本質上不能把人和家庭割裂開（系統的概念）
  - 要求者——提供者
  - 人→人：不快樂的人
  - 家→人：來自壓力巨大的家庭
  - 女兒和媽媽關係惡化
    經常夜不歸宿
    企圖自殺
- **人物介紹**
  - 醫生
    - 奧古斯都（輔）
    - 卡爾（主）60 歲
  - 家庭
    - 大衛（父）
    - 卡羅琳（母）
    - 克勞迪婭（16 歲女）
    - 丹（11 歲兒）
    - 勞拉（6 歲女）
- **第一次**
  - 丹缺席
  - 問題比你想的複雜
  - 你會在下次見面前自殺嗎？
  - 結構的重要性，一個人可以改變全家
- **第二次**
  - 丹出場，自信，裝成熟
  - 先聽聽父親的看法（父親總想置身事外）——女兒的問題：幻想人生五個層面
    追問：你覺得這個家怎樣？　身體也不好
  - 問丹：你覺得呢？——不好的方面，還原：女哭，離開，吵架
  - 除此之外呢？——不喜歡爸爸總是工作，爸爸討厭媽和外婆的關係
  - 勞拉：你跟誰一派？——擔心克勞迪婭，離婚，哭，擔心姐姐自殺
  - 卡羅琳：我和我丈夫遲早會出事！——「你的丈夫愛上了他的工作，你和你母親在交往」
  - 能談談你們的依賴關係嗎？——驚訝！通常如此，用替代品取代依賴感
  - 克勞迪婭：我無法取悅任何人，尤其是媽媽
    - 和母親吵架
    - 卡爾：「也許剛剛發生的，就是你一再想說的。」
    - 母女被迫捲入爭吵，「家庭舞蹈」
  - 背後的原因可能是什麼？
    - 女：嫉妒我！
    - 母：挑釁我！
    - 父：你不能這樣！→女摔門走了。
      「我原以為可以依靠爸爸」（p33）
  - 總結：不要在家中爭吵，把爭吵留在這裡（p35）
- **第二次（一週後）**
  - 放心，不會很久的。——沒人說話——（家庭主動）
  - 父女對談（輕易放棄）——母親介入——女兒不想做木頭人——
    「令人痛苦的理智」，卡爾，「只想扮演父親，而不是一個人」
  - 木頭人的隱喻，行屍走肉——媽媽有一樣的感覺——父母爆發，女兒就跑掉——
    都想熱，也怕熱！——母女倆其實很親近——七歲孩子的說話方式
  - 三角關係拯救婚姻（p82）——「困惑是創造力的開始」
  - 方案：兩代分離——不解決婚姻問題，不會放開女兒

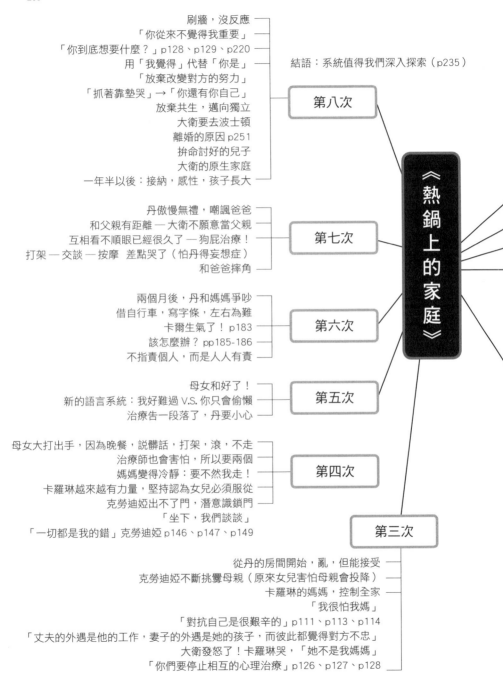

《熱鍋上的家庭》

結語：系統值得我們深入探索（p235）

第八次

- 刷牆，沒反應
- 「你從來不覺得我重要」
- 「你到底想要什麼？」p128、p129、p220
- 用「我覺得」代替「你是」
- 「放棄改變對方的努力」
- 「抓著靠墊哭」→「你還有你自己」
- 放棄共生，邁向獨立
- 大衛要去波士頓
- 離婚的原因 p251
- 拚命討好的兒子
- 大衛的原生家庭
- 一年半以後：接納，感性，孩子長大

第七次

- 丹傲慢無禮，嘲諷爸爸
- 和父親有距離 — 大衛不願意當父親
- 互相看不順眼已經很久了 — 狗屁治療！
- 打架 — 交談 — 按摩　差點哭了（怕丹得妄想症）
- 和爸爸摔角

第六次

- 兩個月後，丹和媽媽爭吵
- 借自行車，寫字條，左右為難
- 卡爾生氣了！ p183
- 該怎麼辦？ pp185-186
- 不指責個人，而是人人有責

第五次

- 母女和好了！
- 新的語言系統：我好難過 V.S. 你只會偷懶
- 治療告一段落了，丹要小心

第四次

- 母女大打出手，因為晚餐，說髒話，打架，滾，不走
- 治療師也會害怕，所以要兩個
- 媽媽變得冷靜：要不然我走！
- 卡羅琳越來越有力量，堅持認為女兒必須服從
- 克勞迪婭出不了門，潛意識鎖門
- 「坐下，我們談談」
- 「一切都是我的錯」克勞迪婭 p146、p147、p149

第三次

- 從丹的房間開始，亂，但能接受
- 克勞迪婭不斷挑釁母親（原來女兒害怕母親會投降）
- 卡羅琳的媽媽，控制全家
- 「我很怕我媽」
- 「對抗自己是很艱辛的」p111、p113、p114
- 「丈夫的外遇是他的工作，妻子的外遇是她的孩子，而彼此都覺得對方不忠」
- 大衛發怒了！卡羅琳哭，「她不是我媽媽」
- 「你們要停止相互的心理治療」p126、p127、p128

科 學 文 化 類

《世界觀》

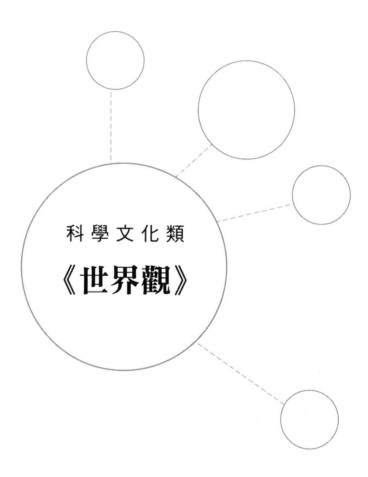

本書繁體版為《世界觀：現代年輕人必懂的科學哲學和科學史》，
理查·迪威特著，夏日出版。
附錄之心智圖保留簡體的書名、頁數及譯名等相關資訊，供讀者參考。

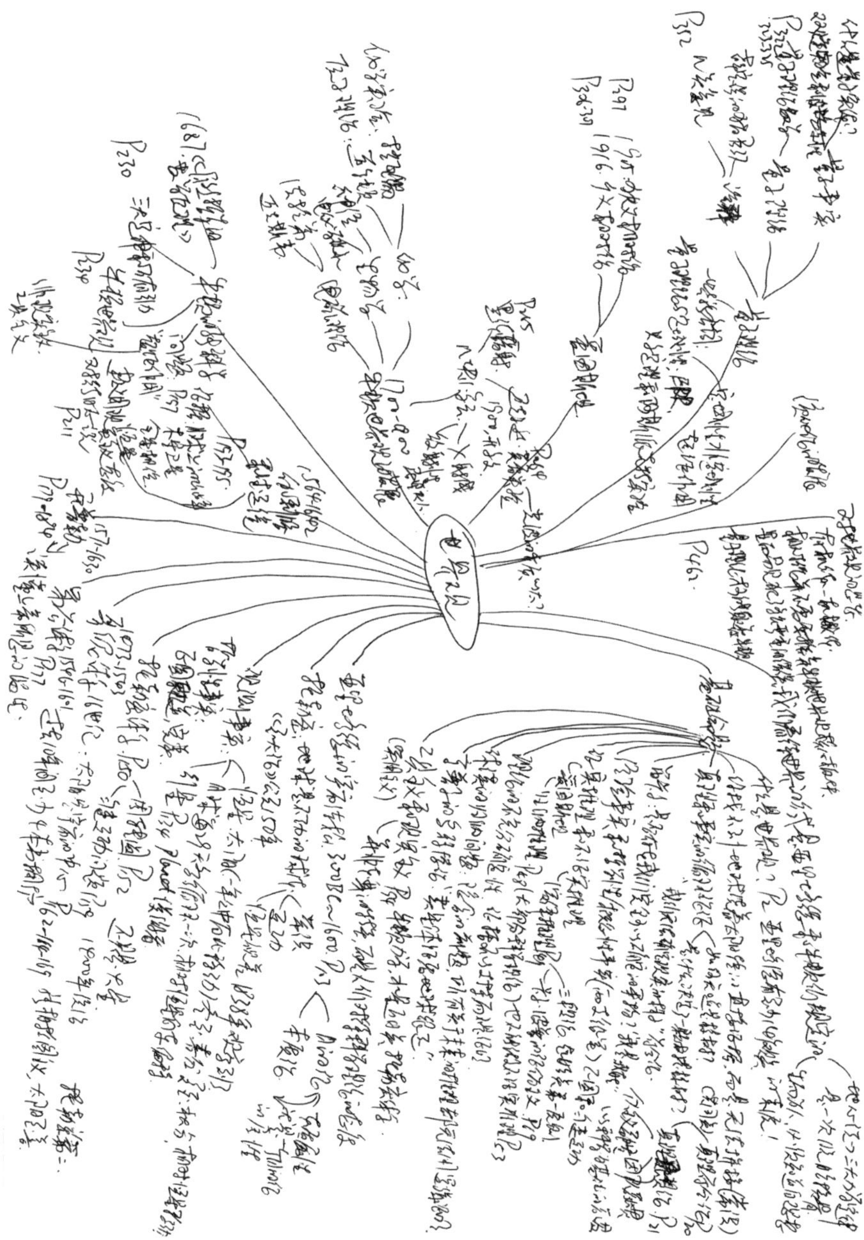

- **基礎命題**
  - 什麼是世界觀？亞里士多德至少 14 個觀點（p2）
  - 你找不到地球繞著太陽轉的直接證據，無法拼接（常識）
  - 真理和事實的循環論證
    - 如何知道是橡樹？（共同點）— 真理符合論 p20 — 「我們無法確定現實的樣子」符合論
    - 是什麼決定了一棵樹是橡樹？— 真理融貫論 p21
      - 個人主義融貫
      - 團隊融貫
      - 以科學為基礎的融貫
  - 笛卡兒：是否存在我們完全可以確定的事物？「我思，故我在」
  - 經驗事實和哲學性 / 概念性事實（兩枝鉛筆）正圓和勻速運動
  - 證實推理和不證實推理
    - 證實推理 — 愛因斯坦 — 歸納推理 p48
    - 不證實推理
      - 演繹推理 p49
        - 三段論：起始點第一原則
        - 卡爾・波普的證偽主義 p69
      - （大部分科學理論）也不能做不證實推理 p53
  - 理論的不充分確定性，證據可以支持，而不是證明
  - 休謨的歸納問題：隱含的前提，所有關於未來的推理都無法用邏輯證明
  - 亨普爾的烏鴉悖論：「類星體距離地球很遠」
  - 工具主義和現實主義 p94
    - 牛頓力學，水星相關，托勒密體系
    - 工具主義 — 實用主義
    - 現實主義 — 並非本身的特性，而是人們對待科學理論的態度
- **亞里士多德的宇宙結構，公元前 300 年 - 公元 1600 年**
  - 目的論 / 本質論 — 本質屬性 — 就是一個目的論的屬性
- **托勒密《至大論》，公元 150 年：地球是不動的球體**
  - 常識
  - 運動
  - 恆星視差，1838 年觀察到了
- **觀測事實與哲學性事實**
  - 觀測事實
    - 恆星、太陽，一年之中自此移動：冬至、春分、夏至、秋分，相對恆星移動
    - 月球每 29 天多循環一次，相對恆星向東偏移
    - 行星 p134，"Planet"，「漫遊者」
  - 哲學性事實 — 正圓軌道，完美
- **托勒密體系 p150**
  - 周轉圓 p152 火星 / 勻速運動問題 p159 — 統治了 1400 年
- **哥白尼（1473-1543）體系，16 世紀，太陽是宇宙的中心；pp162-169 新柏拉圖主義，太陽至善**
- **第谷（1546-1601）體系，過去 10 年至少有 4 本書擁護其觀點**

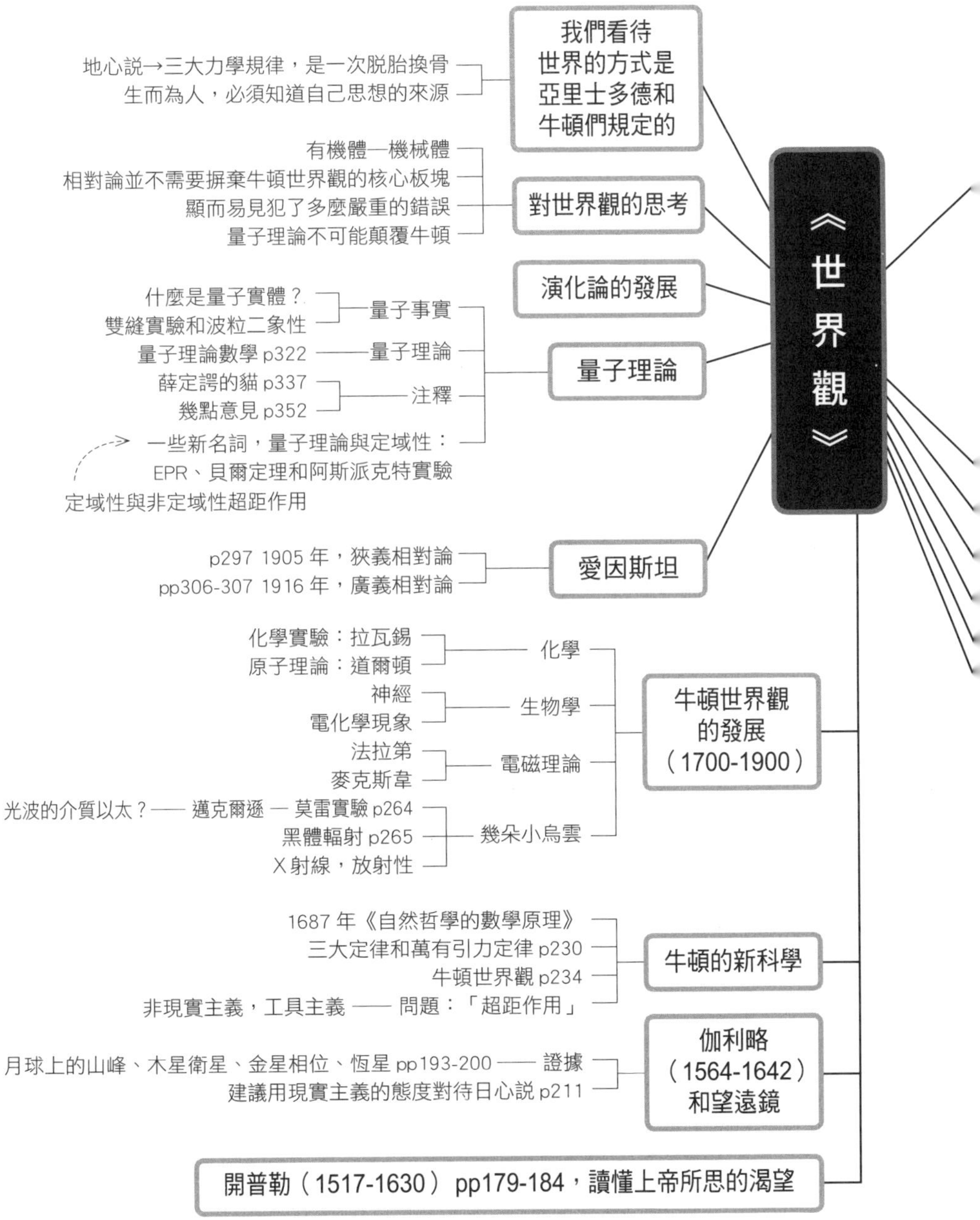
《世界觀》
我們看待世界的方式是亞里士多德和牛頓們規定的
地心說→三大力學規律，是一次脱胎換骨
生而為人，必須知道自己思想的來源
對世界觀的思考
有機體—機械體
相對論並不需要摒棄牛頓世界觀的核心板塊
顯而易見犯了多麼嚴重的錯誤
量子理論不可能顛覆牛頓
演化論的發展
量子理論
量子事實
什麼是量子實體？
雙縫實驗和波粒二象性
量子理論
量子理論數學 p322
注釋
薛定諤的貓 p337
幾點意見 p352
一些新名詞，量子理論與定域性：
EPR、貝爾定理和阿斯派克特實驗
定域性與非定域性超距作用
愛因斯坦
p297 1905 年，狹義相對論
pp306-307 1916 年，廣義相對論
牛頓世界觀的發展（1700-1900）
化學
化學實驗：拉瓦錫
原子理論：道爾頓
生物學
神經
電化學現象
電磁理論
法拉第
麥克斯韋
幾朵小烏雲
光波的介質以太？—— 邁克爾遜 — 莫雷實驗 p264
黑體輻射 p265
X 射線，放射性
牛頓的新科學
1687 年《自然哲學的數學原理》
三大定律和萬有引力定律 p230
牛頓世界觀 p234
非現實主義，工具主義 —— 問題：「超距作用」
伽利略（1564-1642）和望遠鏡
月球上的山峰、木星衛星、金星相位、恆星 pp193-200 —— 證據
建議用現實主義的態度對待日心說 p211
開普勒（1517-1630） pp179-184，讀懂上帝所思的渴望

科 學 文 化 類

《我們如何走到今天》

本書繁體版為《我們如何走到今天？印刷術促成細胞的發現到製冷技術形塑城市樣貌，一段你不知道卻影響人類兩千年的文明發展史》，史蒂芬．強森著，麥田出版。

附錄之心智圖保留簡體的書名、頁數及譯名等相關資訊，供讀者參考。

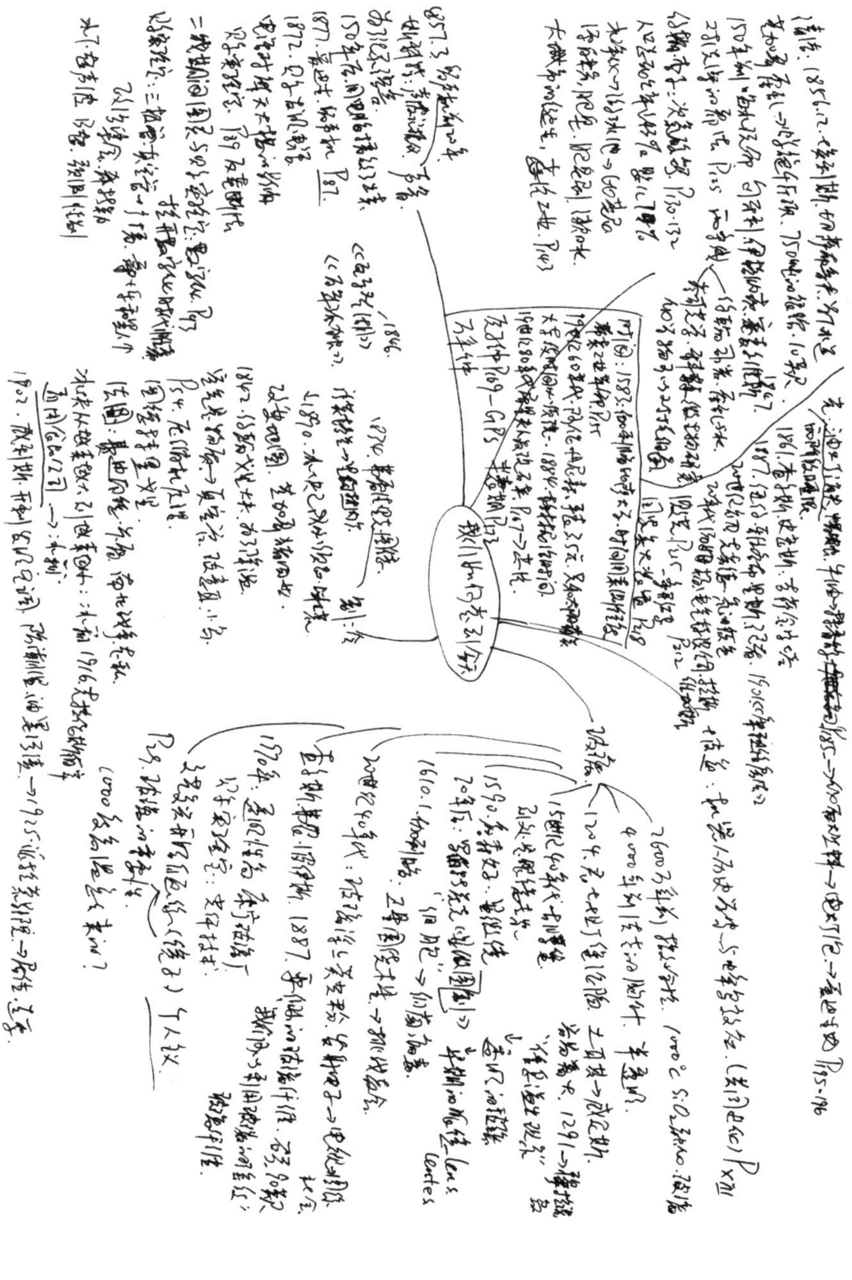

《我們如何走到今天》

坡道

- 機器人歷史學家與蜂鳥效應（共同進化）pXIII

玻璃

- 2600 萬年前，撒哈拉，1000℃ SiO_2 融化→玻璃
- 4000 年前，法老的胸針，半透明
- 1204 年，君士坦丁堡陷落，土耳其→威尼斯
- 15 世紀 40 年代，古騰堡到處是眼鏡專家
- 1590 年，詹森父子，顯微鏡
  70 年後，羅伯特・虎克，《顯微製圖》——「細胞」→細菌病毒
- 1610 年 1 月，伽利略，衛星圍繞木星→挑戰教會
- 20 世紀 40 年代：玻璃塗上螢光粉 —— 發射電子→電視→圖像社會
- 查爾斯・弗農・波依斯，1887 年，要細小的玻璃纖維
  「我們可以利用玻璃的強度」
  石弓，90 英尺
- 1970 年，透照性高，康寧玻璃廠
  貝爾實驗室：光纖技術
- 文藝復興開始自畫像（鏡子），個人主義
  p29 玻璃的重要性
  1000 度高溫怎麼來的？

製冷

- 1834 年，弗雷德里克・圖德，新英格蘭→里約熱內盧
- 1890 年，冰塊已成為必需品，冰荒 —— 改變地圖，芝加哥豬肉業
- 1842 年，約翰・戈里大夫，為了降溫，
  空氣是物質→真空管，波義耳，小鳥
- p54 壓縮機原理，圖德特里・戈里
- 法國，費迪南德・卡雷，南北戰爭，走私
- 冰塊從越來越大到越來越小：冰箱
  1916 年，克拉倫斯・伯宰
  通用食品公司→冰箱
- 1902 年，威利斯・開利，發明空調，防潮溼，油墨汙漬 ——
  1925 年，派拉蒙影院→居住，選票

聲音

- 1857 年 3 月，留聲機前 20 年
  斯科特：聲波記錄儀
  150 年後用電腦播放了出來
- 1877 年，愛迪生，留聲機 p87
- 1872 年，貝爾發明電話 —— 電話對摩天大樓的影響
  貝爾實驗室 p89，反壟斷法
- 二戰期間，圖靈與貝爾實驗室：
  數字化，拉開數字化的時代帷幕 p93 —— 貝爾實驗室：三極管、
  真空管→廣播、爵士樂
  和黑人政治集會、希特勒
- 水下超聲波，B 超，預測性別

清潔

- 1856 年 12 月，埃利斯，切薩布魯夫，下水道
- 螺旋千斤頂，750 噸的旅館，10 英尺——芝加哥霍亂
- 150 年前，
  伊格納茨·塞麥爾維斯，
  1847 年對洗澡的看法 p125 —— 兩條線：約翰·司諾，霍亂與水
  蔡司光學，羅伯特·科赫，科技微生物研究
  化學物可以對抗細菌
- 約翰·李爾：次氯酸鈣 pp130-132
  人口總死亡率下降 43%，嬰兒的死亡率下降 74%
  水淨化→游泳池→比基尼
- 漂白粉，肥皂，肥皂劇，漱口水
  大城市誕生，芯片工業 p143

光

- 兩階段睡眠，油燈消失，蠟燭，牛油 —— 抹香鯨 p185 →化石燃料→
  電燈泡→愛迪生 pp195-196
- 1861 年，查爾斯·史密斯：吉薩金字塔
- 1887 年，紐約，雅各布·里斯記者 —— 1901 年，《廉租住房法》
- 20 世紀初，克勞德，氖的顏色
- 20 世紀 20 年代，湯姆·楊，電氣標識公司，拉斯維加斯
- 激光，條形碼 p215
- 國家點火裝置 p218

時間

- 1583 年，伽利略，比薩大學
- 19 世紀 60 年代，阿倫·丹尼森，手錶 3.5 元，和太陽有關
- 19 世紀 80 年代，居里夫人發現石英 p167，芯片
- 原子鐘 p169，GPS，半衰期 p173
- 萬年鐘

附錄／

給未來講書人的一封信

你準備好做個解密者了嗎？

當你想要成為一名講書人時，我希望你不是因為看到有人透過這件事賺到了錢。因為你未來能獲得的，遠超金錢。

塔雷伯在《反脆弱》一書中說，讀書是最反脆弱的學習方式。一開始我還不太理解：難道大學裡的課程設計、學分體系真的都像他說的那麼沒用嗎？

後來，隨著學習複雜科學理論及參考眾多「大神」的成長經歷，我越來越相信他的判斷。學習的最終目的是內化，讓知識和自己融為一體。任何所謂的框架都只是建立在對學習者的臆測之上。

學習者之間的差別是一個複雜的體系。只有學習者自己最有可能知道自己渴望知道的和已經知道的。在求知的過程中所產生的任何摩擦和痛苦都是有價值的。這時候，只有一本本的好書，能構成一階階歪七扭八的樓梯，讓一個人快速走著「彎路」成長。孔子、老子、釋迦牟尼的修養不是靠著外在的體系訓練出來的。牛頓、愛因斯坦、霍金也不是被逼迫成為科學家的。甚至史蒂夫·賈伯斯和伊隆·馬斯克，也並不是某種體系的執行者。相反，他們都是某種體系的締造者。

所以，重要的一點是，重拾書本，就是重新接受教育。這所學校最慈悲、最平等、最廉價。不需要學區，不需要找關係，更不需要一對一的天價鐘點費。一本再高貴的書，往往都是以它的紙張而不是以它的價值來定價的。這是留給每一個人的救贖機會。你錯過了著名小學，不要緊；你錯過了明星中學，沒關係；你因這輩子沒有上大學而感到遺憾，沒關係。只要你依然有堅持讀書的習慣。這家永不打烊的學校，只需要幾十塊錢就可以入學，永遠向所有人敞開大門。讀書，可以比上學更有效！

但是，很多人會選擇上學而不是讀書。也許人們相信一分錢一分貨，這麼有效的一本書只賣幾百塊錢，不可靠，還是去買個每坪百萬元的天價學區房吧！到最後，孩子就算變成了一個模子裡的產品，家長也可以說：「至少我盡力了！」

更重要的是，書籍是有個性的，文字是有門檻的。一本有價值的名著對一個看不懂的人來說，與輟學無異。所以，柏拉圖和蘇格拉底害怕文字會戕害真理，因為文字真的高傲、冷漠，像密碼——想要引起共鳴，意解心開，需要有能解開密碼的人。小孩子是最懂這個道理的。你見過哪個小學生是靠自己讀數學書學習的？他們一定要聽一位解密者講解這些書，才能一步步具備解密的能力。

這個了不起的解密者就是老師。

孔子說：「溫故而知新，可以為師矣！」我們說：「能夠讀懂一本書，還可以（願意）講出來，就算是老師了！」所以，當你選擇像我一樣成為一名講書人的時候，你其實是選擇了成為一名解密者，成為一名幫助別人成長的老師。肩上的擔子很重，心中的熱情很高，腳下的道路很長。任重而道遠，不亦樂乎？

老師們總是高估自己對學生的影響。如果你非要完全讀懂一本書，自己理解沒有瑕疵之後，才敢講給別人聽，那就乾脆別講了。這個世界沒有什麼理解是不可以辯論的。教師的作用不是不犯錯，而是讓學生知道即便犯錯，也不能停止求知。你能透過自己的講解，讓一個人愛上一本書或對一個話題產生興趣，剩下的事，就交給他（她）自己吧。你的體系是只有你自己能爬上去的歪七扭八的鷹架，而學生們的未來，也只能走在他們自己搭建的鷹架上。

放輕鬆，用你的熱情和智慧，去理解一本書，講解一本書。認知會有層次的差別，教育的初心卻沒有差別。當然，這也不意味著你可以為所欲為地講各種怪力亂神。講書人自己的不斷反思和學習，是這個「遊戲」最有趣的一部分。只要你相信閱讀的力量，相信知識的浩翰無涯，你的成長也會不可思議。

想想未來，有一個職業叫作講書人。聽起來好像是明清時期的江湖藝人，但他們不講評書，不說相聲，更不表演胸口碎大石。他們挑選書籍，傳播知識，使得人和人之間討論最多的是有趣有用的知識和美好共通的價值，讓各種各樣的知識進入千家萬戶，武裝每個人的頭腦……求知的渴望必將引領我們共同進步，每個人都可以打造屬於自己的進步階梯！

國家圖書館出版品預行編目資料

讀懂一本書：3300 萬會員、22 億次收聽「樊登讀書」創始人知識變能力的祕密完整公開／樊登 著 -- 初版 . -- 臺北市：三采文化，2020.4 -- 面；公分 . -- （輕商管 34）

ISBN 978-957-658-311-7（平裝）
1. 商業理財 2. 成功法 3. 自我成長 4. 心理勵志
019.1 109000971

suncolor 三采文化集團

輕商管 34

讀懂一本書

3300 萬會員、22 億次收聽「樊登讀書」創始人知識變能力的祕密完整公開

作者 | 樊登
責任編輯 | 戴傳欣 文字編輯 | 鄭幼芳 美術主編 | 藍秀婷 封面設計 | 李蕙雲
美術編輯 | 李蕙雲 內頁排版 | 湯富如 校對 | 黃薇霓
行銷企劃經理 | 張育珊 行銷企劃主任 | 呂佳玲 版權負責 | 孔奕涵

發行人 | 張輝明 總編輯 | 曾雅青 發行所 | 三采文化股份有限公司
地址 | 台北市內湖區瑞光路 513 巷 33 號 8 樓
傳訊 | TEL:8797-1234 FAX:8797-1688 網址 | www.suncolor.com.tw
郵政劃撥 | 帳號：14319060 戶名：三采文化股份有限公司
初版發行 | 2020 年 4 月 1 日 定價 | NT$380
9 刷 | 2023 年 4 月 20 日

suncolor

suncolor